岩田先生

任天堂传奇社长如是说

[日本] HOBO日刊ITOI新闻 编
李思园 译

译林出版社

写在前面

本书以 HOBO 日刊 ITOI 新闻所刊载的岩田聪先生的话为基础，经过重新编辑汇集成册。其中还有一部分内容选编自任天堂官网上刊载的《向社长询问》栏目。

岩田先生几乎不曾以自己为主角，在媒体上高谈阔论。但是为了推广公司或项目，如果判断“这个场合由我出面最合理”，他便对伸向自己的话筒予以回应。不过即便讲到自己的事情，他也只是顺带提及而已。

众所周知，岩田先生是个非常诚实、始终一贯的人。因此，将他在各种各样的场合作为公司和研发者代表的发言收集起来，就像把多个彩色的圆形重叠在一起时呈现出另外一种颜色一样，“岩田先生本人的话”自然而然地浮现出来。

这本书就是汲取多篇文章中“岩田先生的话”汇集而成的一册。

2015 年 7 月 11 日，岩田聪先生去世了。

岩田先生作为 HAL 研究所卓越的程序员，手中诞生过无数的游戏杰作；担任任天堂社长后，向世界推出了任天堂 DS、Wii 等游戏机。这样一位为人亲切、曾为“游戏人口的扩大”做出了巨大贡献的人物的讣告传出，令全世界无数人深感心痛。

敝刊 HOBO 日刊 ITOI 新闻从 1998 年创刊时起，就受到岩田先生的帮助。创办者糸井重里与岩田先生友谊深厚，因此岩田先生时常会到访我们的办公室，在时间允许的范围内与糸井重里先生聊天。他经常慷慨地在我们的企划中登场，也曾多次把自己的企划内容带到 HOBO 日刊 ITOI 新闻来。

因此，岩田先生突然辞世的消息传来，我们与全世界的游戏爱好者们一样，陷入了混乱情绪，像是心脏的一部分被夺去了一样。

一段时间过后，悲伤缓和，却感到岩田先生的存在离我们渐渐远去。这使我们深感，做一本关于岩田先生的书是一项极为重要的工作。毕竟，我们这里珍藏着大量岩田先生的话。

需要事先说明的是，这本书中收录的岩田先生的话大部分散落在互联网上，如果细心阅读他的访谈文章等，大概能够找得到这些内容。但互联网上的文字总归难以避免被新的内容所淹没，不知不觉间就再也找不到了。

我们相信，一定有人想要反复重读岩田先生的话。今后，得知岩田先生的存在，想要了解其人的读者也会逐渐增多。

岩田先生本人生前并没有出版著作的想法。虽然我们强烈感到，无论在当下或未来，都会有许多读者期盼着将岩田先生的话汇集成册，但说起来这的确是擅自做主。

但是我们相信，岩田先生会对这本书予以认可。在值得信赖的环境中阐述自己的意见，一向是岩田先生喜欢的事，访谈文章出炉后他总是笑盈盈地认真阅读。只不过以岩田先生的为人，他或许会说："我说过的话值得花费大家的时间来做一本书吗？"

本书的编辑工作得到了多方协助：任天堂公司的诸位、宫本茂先生、曾担任岩田先生秘书的胁元令子女士，以及岩田先生的夫人和家人们。他们能对本书的出版予以许可，我们甚为感谢。

岩田先生——我们不自觉地想要呼唤他的名字，仿佛能看到他笑盈盈地推开办公室的门走进来。从今往后再也无法听到岩田先生谈笑的声音，我们深深地感到遗憾。

本书中刊载的话语，蕴含着岩田先生的思考和哲学。这些话直到今天仍然给我们带来勇气，非常实际地指导着我们前进的方向。

但愿能够将岩田先生的话长久地传递给更多的人。

HOBO 日刊 ITOI 新闻

2019 年 7 月

目 录

第一章

岩田先生
成为社长之前

岩田さんが社長になるまで。

高中时代，遇到能编程的计算器

高中时代，个人电脑一词尚未诞生，而那时，我遇到了“能编程的计算器”。上课时用它编写游戏，与邻座的同学一起玩，回想起来，那就是我与游戏和程序最初的相遇。

那个计算器是惠普公司生产的，据说阿波罗—联盟测试计划的宇航员正是用它进行通信天线角度的运算。当时，计算器价格非常昂贵，刷盘子打工赚的钱只够买半个，另一半是父亲掏的腰包。

我把那个计算器研究得彻彻底底。那时市面上当然还没有专门的杂志，也没有人指导，总而言之只能自己琢磨。经过反复试错，我逐步发现：“啊，原来它还能拓展出这么多用法。”

如今回想起来，那个计算器真的很特别，它没有“＝”键。比方说，如果要计算 1 加 2，得先按“1”再按“ENTER”键；接着按“2”，最后按“＋”。和日语的语法一样："1 和 2 相加，3 和 4 相乘，12 除去，结果得几？"按照这种逻辑输入。但单是没有"＝"键，一般人就不会想使用了吧？能灵活操作这样的工具，令当年的我格外开心。

就这样，我制作了一款游戏，然后把成品寄给了惠普公司的日本代理店。听说对方十分惊讶，想不到"札幌竟然出了这么一个高中生"。放到今天，就好比任天堂收到不知从何方而来的高中生自主制作的游戏，完成度几乎达到明天就能发售的水准，肯定会让人大吃一惊。但当时，我对自己做的事情具有什么价值毫无概念（笑）。

后来，大约在我埋头研究计算器两年之后，苹果公司的计算机上市了。

因为有着这样一番来龙去脉，我在接触到初期的计算机后不久，就不再对它抱有幻想。计算机并不是什么都做得到的梦幻般的万能机器。换言之，计算机擅长的事情是什么，不擅长的事情是什么，对于这一点，从高中时代起我就已经了然于胸。

此外，那时有个对我制作的计算器游戏兴致勃勃的朋友，他正巧就坐在我的邻座。这一点也至关重要。

我那个朋友是个很有趣的家伙……怎么说呢，他能欣赏我做的东西，对我而言，他是弥足珍贵的第一位客人、第一号用户。

人呢，终究需要有能赞赏自己所做的事情的人，否则就无法迈向更高的台阶。因此，高中时代与他相遇对我的人生有着非常积极的影响。

大学时代，在电脑卖场遇见的伙伴们

大学一年级，那是 1978 年。那一年，池袋的西武百货开设了全日本第一家个人电脑专柜。每逢周末我都要去逛一逛。

那时的电脑卖场，有很多人整天坐在电脑前面编写程序。毕竟，个人电脑可不是一般人买得起的。

当时我用考上大学得到的红包，加上存款，还有贷款，总算买下了属于自己的电脑。那是康懋达公司生产的“PET”型家用电脑。

电脑卖场就在池袋西武百货，于是我带着自己编的程序去了那里。高中时代和我一起玩计算器游戏的朋友们去了不同的大学，所以那个时候，我正是没有伙伴的状态。

大概是抱着“想把自己做的东西拿给别人看”的心情吧。只要到池袋西武百货去，那里总是聚集着一群同好，有很多能分享的人。

正是在那个卖场，我遇见了人生中几个最重要的人物。首先是一位日后给我许多鞭策的编程高手。

有一天，他正用卖场的电脑编写程序。程序始终不能顺利运转，他歪着头苦思。我站在后面观察了一会儿，就明白了：“这里出了问题。”

“只要把这里改过来，不就能运行了吗？”

“啊，果真如此。”

这么一来，我们成了朋友。当时他在读大二，我在读大一。

在那个卖场共用电脑的人，自然而然地形成了一个类似于客户群体的集合。接着，我们这群人和卖场的店员也成了好朋友。到我大学三年级的时候，这位店员创立了一家公司。

这家公司就是 HAL 研究所。

“我开了一家公司，要不要来打工？”受到他的邀请，我开始在这家公司进行编程工作。因为工作实在是太有趣了，不知不觉中我就在那里一直待了下去。

所以，不妨说 HAL 研究所是一家“由于召集了一群技术能力不逊于职业程序员的年轻人来打工，而出乎意料地获得成功的公司”。

读了四年大学，我顺利毕业，但作为学生，我算不上优秀。要说为什么，因为在 HAL 研究所打工要有意思得多（笑）。

就学习计算机的基础而言，大学的课堂让我收获不少，我也认为上大学实在是件幸事。不过实际对日后的工作有用的东西，大多是自己摸索而来。

HAL研究所的黎明时期与红白机问世

我在HAL研究所打工，随着大学毕业，自然地成了HAL研究所的一员。与其说自己适合那里，不如说是钻研的事情太有趣了，别无其他所想。

HAL研究所是一家小型公司，尽管我非常年轻，也要负起责任对各种各样的事情做出决策。因为没有专门负责“研发”工作的前辈，我就成了研发部门的第一号员工。与研发工作相关的一切都要我来做决断，没有一个能商量的人。

接着，我又迎来了人生中的另一个重要际遇。在我成为正式员工的第二年，任天堂的红白机问世了。

从打工时起我就一直在进行电脑游戏的开发，当然能意识到在制作游戏方面，红白机作为硬件明显有着“前所未有的卓越性”。

当时，比起几十万日元的个人电脑，只需1.5万日元的红白机在游戏性能上具有压倒性的优势。我察觉到这台机器具有改变世界的力量，于是心想“一定要做点与它相关的事情”。

正巧投资了 HAL 研究所的一家公司与任天堂有业务往来，通过那家公司的人介绍，也因为自己下定决心“一定要做与红白机相关的工作”，我出发前往京都的任天堂。

当时我二十出头，虽然穿着一身西装，但还很不适应。这样一个毛头小子突然出现在面前，主动上门来讨工作，放到今天自然令人难以想象。现在想来，当年任天堂能接受我这样不请自来的人，也是很了不起的（笑）。

我凭着任性接到了游戏软件编程的工作，那是与任天堂最初的交集。红白机初期作品中的《弹珠台》和《高尔夫》就是由包括我在内的 HAL 研究所成员共同参与制作的。

为红白机制作游戏软件实在是非常愉悦的经历，更重要的是自己经手的作品可以畅销全世界。虽然是以外部承包形式接手的工作，卖得好我也不会多赚钱，但单是“让大家都知道我的作品”这一点就让人无比欣喜。曾经只有邻座同学知道的游戏如今行销全世界，对我来说没有比这更开心的事情了。

能在红白机发售后不久就参与相关的工作，目睹红白机迅速成长的过程，并碰巧助上一臂之力，实在是我的运气。原本只有五个成员的HAL研究所，也在十年间发展到九十人规模。

我成了研发负责人，名片印上了科长头衔，不久之后担任起了研发部长。

现在回想起来，当时我们研发的游戏软件大多是从“有这样一个企划但没人去做，不知如何是好”开始的。积累了一定口碑，技术上得到了一定的认可之后，自然就承接了更多的工作。

就任社长与15亿日元负债

我三十二岁的时候，HAL研究所陷入了经营危机。一年后，三十三岁的我接任了社长。但当时公司那种情况，当上社长丝毫不是值得庆祝的事情。

让我担任社长的理由，简单而言就是除我之外没有别人了。我向来如此，不是喜欢不喜欢的问题，而是只要认定“这件事由我来做最合理”，就即刻下决心去做。

公司面临破产，或者说负债15亿日元，就是我社长之任的起点。最终花费六年时间，每年2.5亿日元，终于将这15亿日元还清。当然，这期间需要维持公司运营的经费，也需要支付员工工资，在保证这些支出的同时，将欠下的钱全数还上了。

虽然最终债务还清了，但借钱本身就意味着给许多人添了麻烦，不是什么值得骄傲的事情。

但是困难的经验使人受益。欠下巨额债务，某种意义上是处于极限状态，这时能认清很多事情。例如，“应当如何待人”。

比如，我作为新任社长到银行去打招呼。一个三十来岁的年轻人，跑到银行说：“我当上了社长，一定会努力还清债务。”这时，有的银行鼓励说“请加油”，而有的银行则表现出高压态度："好好还清，否则可让我们难办了！"

结果耐人寻味的是，表现出高压态度的银行不久就换了招牌，或许他们的经营状况也很困难吧。

待人处世之难不仅限于公司之外。

公司陷入经营危机，我成为社长要重建公司。在研发部门里，我算得上综合能力最高的人物，在这一点上得到了大家的信任，因此我说的话大家还算听得进去。可另一方面，公司总体而言没有得到员工的信任。一个陷入经营危机的公司，在员工眼中看来简直是集不信任之大成。毕竟，"按照公司的指示干活，结果就是这样？"，会这么想也是理所当然。

因此我就任社长后，花费了一个月左右的时间与每位员工谈话。在这个过程里，发现了很多事情。

原本以为自己是站在对方的角度上考虑问题，但直接与每个人面对面交谈，还是有很多意外发现。当时我希望认清我们的强项是什么、弱项是什么，所以做了这样的尝试。如果不梳理清楚，作为社长就有许多事情无法下决断。

对于计算机程序，判断基准可以是简洁、优美、迅速这些要素。作为公司的最终决策者，我也希望建立这样的判断基准，于是试着与员工进行单独面谈。然而，听到的意见比我预想之中更多。

说到底，经营管理不是那么简单的。当然，追求短期盈利也不一定是好事，“那么到底应该怎么做？”公司陷入某种极限状态之时，就应该开始思考这个问题。

大概是在面谈的过程中，我领悟到“做判断就是收集信息进行分析，排列出优先程度”，也明白了“只要按照上述优先程度对事情做出判断，逐步推进就好”。

这样一个个决断积累下来，事情就会渐渐获得好转。这个道理适用于各个方面，我对此深有体会，这也建立了我作为社长的自信心。

现在的我比当时拥有更多的经验，因此对于三十三岁时自己所面对的挑战有多么艰巨，现在的我比当时更清楚。

半年一次的全体员工面谈

公司陷入困境的时候，“一星期后不完成可就麻烦了！”的状态像自行车轮，持续转动一刻不停。但是经历了一次破产后，反而能得到一段相对完整的时间，可以去做之前无法做到的事情。

“之前无法做到的事情”，对我而言就是与大家的对话，与每一位员工的单独面谈。

在这个过程中我获得了许多发现，领悟到实际上这应当是优先程度极高的一项工作。因此，就算是公司重建的繁忙时期，我也始终坚持与每一位员工谈话。

我担任 HAL 研究所社长期间，每半年一回，与全体员工进行面谈。员工多的时候有八十至九十人，每人的面谈时间短的二十分钟，长的三小时左右。这项工作持续了六到七年。

我在与全体员工谈话的过程中，发现了许多“经过面谈才头一回意识到的事情”。就算对方是一向保持着沟通的人，也有在一对一的场合才讲得出口的话。这样说或许不太恰当，但我重新认识到：“假如不制造推心置腹的机会，人是不会敞开心扉的。”

我是那种就算对方没有给我机会，也会自己创造机会与他人沟通的人。假如一个集体里都是像我一样的人，面谈也就没必要了吧。我在必要的时候会把必要的事情传达给对方，但并非人人如此。

如果问我想在什么样的公司工作，那我希望是“上司能好好理解自己”，“上司能好好为我的幸福着想”的公司。

另外，我认为“每个人都是不同的个体，并且会发生改变”。当然，始终不变的人也有许多，但如果领导者不能理解人是会改变的这一点，那么我不想在这样的公司工作。

大家肯定希望能在即便自己发生改变，也会对此表示理解的上司手下工作。因此我也希望时时刻刻理解员工的想法，这就是我进行面谈的初衷。虽然很不容易，但我自身也从中收获了许多。

与全体员工进行面谈，谈话的主题每个人都不同。但在面谈的项目中，唯一固定不变的是第一个问题：“你现在快乐吗？”

我不打算讲什么经营理念之类过于宏大的话。不过在面谈中我意识到：“所谓公司，就是怀着共同的目标，大家各担其任、齐心协力的地方，因此要定下共同的目标才行。”

于是我说：“通过制作商品，身为制作者的我们与身为玩家的客户一起获得快乐，这就是HAL研究所的目标。”

因为有了这样的宣言，面谈时问“你快乐吗？”也在情理之中了。抛出这个问题，结果得到各种各样的反馈（笑）。

如果没有与对方取得理解和共识，那么进行面谈也没有意义。因此如果对方心有不满，首先要倾听。当然，我听对方倾诉的时候，自己想说的话也会好好地说出来。

面对心怀不满的人，不满积累得越多，越是要让对方倾吐出来，否则我说什么对方也听不进去。如果人家正准备开口的时候去指点“应该这么做”，对方一定会心想“啊，这个人什么也不懂”。

所以应该让人家把心中想法说出来，然后把我想说的话也说出来，从某种意义上讲，只有这样才能与人推心置腹。

人们在决定是否要接受他人意见时，首先会判断“发言者是出于自己的利益才这么讲”，还是“从心底认为这是对的才这么讲”。两者之中属于哪种，是判断的关键所在。

所以我始终认为：“消除谋求个人利益的念头，对公司管理而言极为重要。”

对公司内的伙伴，我从来不会用利益的眼光来评判。当然，我也不是没有参加过商业谈判，从生意的角度而言，有时交换条件是必要的。但是面对同一家公司中持有同样目标的伙伴，还有必要这样做吗？

归根结底，要让大家心甘情愿地工作才行。可毕竟公司有着各种各样的决策，普通员工时常不理解为什么要如此决策。但这纯粹只是信息不对称造成的。

员工或许时常抱有疑问：“社长为什么那么说？”

通过面谈与员工单独交流，我才醒悟“做出这个决策背后的理由，没能让员工领会”，“原来我的话遭到了误解，以致造成了那样的不满情绪”。为什么讲那些话、决策的背后有什么理由，当然我不是什么都能讲，但我会尽可能地解释它的背景。

这就像是问对方：“在集合了这些条件的情况下，假如是你会怎么做？”如果得到的答案是“换作我也会这么做”，一定会感到很安心吧。明白了我们有着共同的价值观，彼此都会很欣慰。

被对方误解、无法取得共识，我认为一定是由多个因素造成的。这多个因素的排列组合，会让人们反目、愤怒、流泪、变得不幸。大体上问题都由多个理由交织而成，将它们拆开逐个剖析，人们就很容易想通了。

面谈花费多长时间并无其他标准，最终达到“让对方心情畅快为止”。也就是说，“尽自己一切所能”。只有这一条原则而已。

我能够获得大家的信任，坚持多年的员工面谈是一个重要的理由。抱着半吊子的觉悟一定坚持不了这么久，无论谁看在眼里都会明白，那是件非常辛苦的工作。

如果逃跑，自己会后悔一辈子

无论是对用户，还是对把工作托付给我们的合作伙伴，我都希望给对方期待以上的回报。

HAL 研究所陷入困境时，这些有着老交情的公司说，“有什么事情能帮忙的，尽管交给我们”，实际上没有任何一家公司与我们中止合同。

如今回想起来，我们陷入困境时从他们那里获得了很多帮助。一般来说在这种情况下，人们会认为“不应该把工作交给在信用方面让人担心的公司”，但他们没有这么做。

经营变得困难重重，背上了十几亿日元的债务，第一时间浮现在我脑海的选项是“逃避”。但是，我立刻将这个想法舍弃了。

“如果逃跑，自己会后悔一辈子。”

这是我最终做出决断的唯一原因。

如果用理科思维去计算期待值，背上十几亿日元的债务不是个理智的选项。所以，下定决心不逃避，可以说是属于美学或是伦理上的坚持。一起流汗的伙伴还在身边，怎么能逃跑呢？这是最重要的理由。

我也非常感谢我的妻子。对于我接任负债累累的公司社长这件事，她从来也没有抱怨过。

在世人眼里这一定算不上好事，一起生活还要承担很大风险。如果她问“为什么非要那么做不可呢？”也是理所当然的。但是她什么也没有讲，这真的让我非常感激。

成为社长之后，我也担任着研发部门的负责人。在思考“公司的强项是什么”的时候，除了以研发为轴心进行改革之外别无他选。这大概是十秒钟就能想出的答案。

那时我一直让自己保持忙碌状态。公司内有很多小组，各组的繁忙期交错，而我始终要给最忙的那一组加油。

这么做的理由首先是，当时的我在公司的研发者中最具备“找出当下面临的问题是什么，进行分析并解决的能力”。

最困难的问题由我去解决，从公司效益的角度而言是最合理的选择。与此同时，要让员工认可“岩田做出的决断”，在他们面前展现出解决问题的能力，这是绝佳的机会。要想他人承认“这个人来决策是值得信服的”，这不正是最有说服力的做法吗？

这样一来，我作为研发的领头人，观察着整个公司。当时，只要是认真制作出来的游戏就一定会卖得好，属于回报率非常高的工作。从许多角度来看，能够置身游戏研发的一线都是一件幸事。那是超级任天堂的全盛期。

让公司起死回生的重要契机是《星之卡比》。

最初，我们计划以《波波》的名字推出面向 GameBoy 的游戏，但宫本茂先生说“这样推出太可惜了”，暂时中止了发售计划。经过调整后，这款游戏重新面世，变身成了任天堂发售的《星之卡比》。

当时，《波波》已经放出广告并接受了玩家预订。如果我没有记错的话，预订数达到了 2.6 万部。发售中止在公司内引起了很大争议，对销售部门的人而言这更是颜面扫地的事情。

但最终《星之卡比》的 GameBoy 版卖出了 500 万部，简单地计算，是原先预订数的两百多倍。

如果当初没有中止发售，也就不会有现在的《卡比》系列。《卡比》系列到目前为止在全世界销量累计超过2 000万部，如果算上卡比登场的《任天堂明星大乱斗》系列，则总销量远超3 000万部（2005年采访时），这真是我们的一个重大转折点。

◆ 岩田先生的话，拾零之一

小时候我的身体不好，患有哮喘，

也有过转学后遭到欺负的经历。

那让我拥有了身为弱者的体验。

机缘巧合，就职的第一家公司，规模也很小，

在大公司面前处于弱势地位。

这种弱者立场，

对我而言是非常宝贵的经验。

即使坐到任天堂社长这样“非弱者”的位子，

我也绝对不会忘记这样的经验，

对于过去的艰难，

我没有丝毫要雪恨的心情。

担任 HAL 研究所社长的时候，我一直抱着

“如果有比我更合适的人选，随时可以代替我”的心理，

真的发自内心这么想。

我是研发者出身，

因此大概比一般的经营者更能理解研发者的心理。

我要进行一场大革命，请耐心等待五年时间。

但在这期间如果不能盈利的话，

作为社长是不合格的。

因此每年要交出一定程度的业绩，

同时必须进行改革。

就像一边在空中飞行，

一边修理飞机 样。

回顾自己的轨迹，

究竟是自己与众不同才选择了一条特殊的道路，

还是误打误撞走上了这条特殊的道路，成为这样的自己，

我也讲不清楚。

不过迄今为止经历的环境非常适合我，

至少这一点，我是能够感觉到的。

从前编写程序、进行游戏创作的时候，

与制作新硬件、新平台的时候相比，

要思考的问题的数量和性质都天差地别，

但根本的意识和态度并没有多少变化。

现在我没有时间像从前一样去编程，

不再以编写程序的形式参与制作，

但我自己始终清醒地秉持着　名游戏创作者的意识。

我们的长项是什么？

我们的短板是什么？

梳理清楚这些问题，

灵活运用自己的长项，

尽量不暴露短板，

这样引领团队向前，才是经营之道。

第二章

岩田先生的领导力

岩田さんのリーダーシップ。

我们擅长的东西是什么

人生之中，值得一做的事情绝对比实际能去做的事情要多得多。假如凡是值得一做的事情全都去尝试，不论是谁都会累倒。

因此要认清我们擅长的东西是什么，秉着这种自知之明，明确“应该把什么放在优先位置”，决定好先后次序。我认为这就是经营之道。

至于我们擅长的东西是什么，我的考量如下。

工作之中，明明花费了同等精力去做的事，不知为什么有一些得到了好评，有一些却赞誉寥寥。对于我们而言，耗费的劳动和心力几乎不相上下，同样是花费 100 分心力的东西，不知为什么有些作品得到用户 100 分的评价，有些作品却得到用户 500 分的评价。这种现象时常会出现。

简言之，工作之中有非常艰辛的时刻，也有不那么艰难的时候。工作中总会遇到困难，不遇上些困难反而奇怪。此时，如果没有得到与努力相应的评价，员工内心会觉得更加艰难。而如果获得超过辛劳程度的评价，员工会变得更有干劲，更快地成长。反之，如果陷入恶性循环，他们会越来越消沉，这时我会意识到“有必要进行面谈了”。

也就是说，在我们并没有经历太多困难却意外获得好评的时候，不用去管也能自然而然收获好的成果，形成良性循环，工作也变得更加得心应手。这就是找到了我们适合的、擅长的东西。反之，什么是我们不擅长的、不适合的东西，也就大致能够分辨了。

基本上，人们倾向于将自己擅长的东西与他人不擅长的东西相比较，愤愤不平地埋怨：“我没有得到恰当的评价，真是不公平。”就连我有时也会不自觉地这么做。

我有一种不严谨的假设：作为生物，人类的最终目的大概就是留下子孙后代吧？为了子孙后代的延续，人们必须要做的是展示出“自己比别的个体在这个方面更出色”。也就是说，善于彰显“我这一个体比其他的个体更优秀”的 DNA 流传了下来。而不擅长此事的 DNA 就渐渐消失了。

因此，我们生来就是喜欢展现自己长处的物种，天然具备这样的特质。哪怕身处公司这种组织之中，人们也会不自觉地拿自己的长处与他人的短处相比较。

所以反过来讲，如果站在整体角度来思考公司的问题，公司内部就必须对怎样思考，用什么基准去比较、去评判拥有共识才行，否则就会有员工觉得“不公平”。

其实，感到困难的时候，放弃才是更好的选择，因为那说明你并不擅长。但是话说回来，也有“不得不咬牙坚持”的时刻。不喜欢的事情全都不做，假如人人如此，那么社会就无法正常运作。

也就是说，就算公司基本上以“做擅长之事的团体”为目标，但人与人能够一起工作，最低条件是无论自己擅不擅长，都能在集体中齐心协力一同奋斗。而让这种“最低条件”尽量不出现，正是管理者应尽的职责。

毕竟公司就是这样的组织，聚集着各有所长的成员，去挑战难以凭一己之力实现的巨大目标。

找到瓶颈

计算机之所以能够飞速进步，是因为它试错的速度极快。

制造硬件必须重新筑模，单是尝试几种方案就很耗费时间。但是，在计算机软件中调整“马力欧跳跃高度是多少最能使玩家愉悦”，一天里测试多少次都没问题。

实际上，完美是不可能达成的任务，要不断调整，反复试错。“啊，稍微变好了一些”，“啊，又稍微变好了一些”，如此不断反复，就会一点点变好。

此外，多人同时推进一个项目时，有些工作能够清晰分割，有些则不能。比如模拟气象条件，虽然情况复杂，但只要按照不同的要素进行分割，再交给多个处理器并行运算，就可以使工作变得高效。而另一方面，如果这边的工作会对那边的工作造成影响，那边的工作又会影响到这边，这种项目则无法如此顺畅地并行推进。

任何事情都是这个道理，工作中一定会遇到所谓“瓶颈”，即人们难以通过的最狭窄之处，它会对整体产生决定性的影响。反过来讲，要想让整体顺畅运转，就必须首先找到这个最狭窄的地方，从这里着手进行改善。只把注意力放在瓶颈以外的地方，再怎么拓宽也改变不了全局。

我一直以来非常细心着眼于这些问题，这也是我从事计算机工作所擅长的领域之一。

比如，希望“程序进一步快速运转”的话，一定是存在着某种瓶颈之处，影响了全局的运行速度。

编程界有一个说法，“百分之一的部分会占据运算时间的七至八成”，某一个难点总是需要耗费时间反复处理，这毫不夸张。因此，如果瓶颈之处没有得到修正，其他地方再怎么改善也无济于事。

但人们终究要着手做些什么才能安心，因此在找到瓶颈之前，总是汗流浃背地去处理眼前看得到的问题。然而，什么是最关键的问题，什么是只有自己才能解决的问题，应该首先搞清楚这些，再付诸行动。

就算明白这些道理，也顶多是行动的原则而已，还是有可能存在着种种问题。我们至少应该清楚“这里是瓶颈，稍做修正就可以使整体得到改善”，抱着这样的意识去行动，但这并不是件容易办到的事情。

我一直有个观点，无论是可以一人独立工作的计算机的领域，还是需要与他人合作的领域，实际上都存在着许多共通之处，从这些共同点中可以学到很多东西。这对我们“做出判断”，“找到分析、解决困难问题的切口”都有极大帮助。

体验过成功的团队，改变更难

多年之间朝着同样的方向、用着同样的思维方式，接连不断地获得成功，就会形成一个拥有成功体验的团队。

拥有这种成功体验的团队，自身会害怕做出改变，而现在我们特别重视的一点就是变化的速度。例如，当下的时代环境发生着巨大的变化，人们的思维方式与信息的传递方式也经历着巨大的变革。

因此对于“现在觉得好的方式，真的就是正确的吗”这个问题，不光是我一个人，公司的员工们也会抱着审视的眼光，在工作中必须始终对变化的环境保持敏感。

用户的需求会变，市场环境会变，信息的传递方式会变，人们所追求的内容会变，实际购买产品的人也在变，就连卖场也在变化。世上的一切，无时无刻不在变化。

但话说回来，并不是要让体验过成功的团队否定现状进行改革。团队中的每个成员都是秉着积极的态度在工作，因此获得了成功，要他们否定现状，是很难令人理解、获得认同的。

世界上许多改革都是运用否定现状的逻辑推行，但这样的做法会让很多人陷入不愉快。因为当下的现状正是许多人的心血、诚意、热情构成的。如果现状由不诚实的东西构成，去否定也无妨，但由诚实的产出构建的现状，不应该被否定。

虽然我认为任天堂有必要基于当前环境进行改革，但不希望用否定现状的逻辑进行，也认为不应当这样做。

放任不管则公司迟早会倒闭，必须进行改革的理由显而易见……这种情形之下，否定现状或许不会遭到反对，但毕竟情况尚不至于那么极端。

当然，任天堂也没有达到需要否定现状的情况。

我非常尊敬任天堂的前任社长山内溥先生，直到今天仍然满怀敬意地认为："自己恐怕无法取得像他一样惊人的成就。"

但另一方面，既然这份工作交到了我的手里，就有很多任务不得不去完成，与此同时要获得他人的理解与认同，就必须认真掌舵、把握方向。

我正在着手进行许多改革，但改变并不意味着否定过去。

"如果我身处过去那个时代，大概也会做出与当时的任天堂同样的选择。但如今大环境改变了，我们周围的环境也改变了，不是吗？我们自身怎么能够一成不变呢？是选择故步自封，还是选择让更多的人因我们创作的作品而得到欢乐的道路？"正是这个道理。

给人们出乎意料的惊喜

对于我们的作品，起初，客户非但没有很期待，甚至可以说是毫不感兴趣。一开始总是如此。

玩家从毫不感兴趣，到喜爱我们的作品，再到接触到我们制作的东西就忍不住露出笑容的状态，对这之间的阶段如果不能明确把握、清醒认识，说明我们还不够称职。除了依靠一开始的热情，让人们买下我们的商品，还要在半年后、一年后持续不断提供新的玩法，要做到让玩家“不知不觉中就持续玩了下来”才行，否则就没有在真正意义上达到目的。

发售之后，能否让第二支箭、第三支箭持续射中目标，能否射中玩家的心，能否让他们持续玩下去，这是我们始终不忘的。

反之，如果选择急功近利的小聪明，单纯地拿两个选项做比较，仅以“这个比那个效益更好”为标准做选择，就会走上一条贪图安逸的道路。如今的任天堂没有陷入这种情况，一个主要的原因正是我们清楚地知道目标在哪里。

最终，我们的目标是“给人们出乎意料的惊喜”，对此我们非常明确。假如做不到“出乎意料”，就无法吸引新玩家。

给人惊喜意味着，需要做到玩家预期之外的事情，这就需要强有力的决心。比如任天堂 DS 这款游戏机，当时令很多人感到困惑。当我们宣布要做一款“双屏幕触摸屏的游戏机”时，或许很多人感觉到“任天堂变了”。

但对于我们来说，今天的延长线并不会通向未来。抱着这样的心情下定决心做出改变，按照一般人的思维方式，可能是超乎常识的事情。

面谈中最重要的事情

为什么世上大多数的面试都要问对方难以回答的问题呢？我认为，何不从容易回答的问题入手。

从我的经验来看，面试官有两种人。一种是能让对方逐渐放下戒备、表现出本性，然后做出选择的人；另一种是“没有敞开心扉深入交流”就做出评价的人，这也是面试官的社交性和个人能力的体现。

我属于前者。后面这种类型的面试官只看到了人身上的一部分可能性。必须要让人展现出真实的自我，才是一切的开始。

我参与的公司内部面谈比谁都多，而面谈中最重要的一点，就是从对方容易开口的话题开始聊起。

如果是第一次面对面谈话的员工，我首先会从“为什么想进入任天堂工作？”这个问题开始，无论是谁一定都回答得上来。不管是什么，理由一定存在，而且自己的事情自己应当能够回答。只需要将事实原原本本地讲出来，就能从中看到那个人的真实面貌。

但是如果抛出“你怎么看待少子老龄化问题”、“美国的经济形势将会怎么发展”这样的问题，对方有可能回答不上来，面谈也就没有意义。

“为什么想进入这家公司？”问这个问题还有另外一个理由。那就是我想知道对方“迄今为止做过的最有趣的工作是什么，最无趣的工作又是什么”。

这也是与对方自身相关的事情，所以不难回答，更重要的是可以从中了解这个人。

能放心说出“你这笨蛋！”的人

刚步入社会的人，就算有很多事不懂也在情理之中，“对不懂的事情不觉得羞耻”这一点非常重要。

自以为是地表现出“我真聪明”的做法，前辈肯定一眼就能看穿。被看穿之后还要去掩饰，会让人感觉非常不好（笑）。

归根结底，新人在公司中最应当做到的是“不伪装”。另外一点是不要因同一件事情反复麻烦别人。

此外，即便同样是新人，也分为容易批评的和不容易批评的两类。有人能让人放心说出“你这笨蛋！”，有人则骂不得，需要小心翼翼对待。

两者之间其实有着天壤之别。我们能教给对方的、对方能吸收的量，最终都会拉开很大差距。能让人轻松说出“你这笨蛋！”的人，可以在短时间内学到很多东西。

此外，能让人放心说出“你这笨蛋！”的新人进入公司，职场中的大家会很开心。当然，不是说“一定要做些蠢事”（笑）。

哪种人能让批评者心态放松地说出“你这笨蛋！”呢？大概是那些动机和行动都很纯粹，没有恶意的人。被批评的一方是否能够以强韧的姿态面对，则并非关键。另外一个前提是，哪怕语言粗暴，也必须让对方明白“并没有否定对方的人格”。只有彼此之间拥有这样的信赖感，才可以放心说出“你这笨蛋！”

新人可能不具备知识和技能，但如果对方做好了“听得进去他人意见”的准备，就可以放心指导他哪里没做到位，哪些事情是应该做的，让他从批评中学到东西。

反之，骂不得、不敢批评的人仿佛有一条“不能越过”的界限，周围的人能够感觉到这层屏障。因为不知道是否跨过这条界限那个人就会崩溃，身边的人往往会小心翼翼。如果知道他在乎的是什么，尚能放心说出“你这笨蛋！”，但如果不知道他在乎的是什么，就生怕会在骂他的时候不小心触碰到他珍视的东西。

批评教训他人需要费心思，也会担心是否说过了头。因此，我说的话新人能否听得进去，是否能用好的态度来倾听，非常重要。

简单地说，就是尽量把工作交给“看起来能承担这项工作的人”。毕竟人们不会愿意将重要的事情托付给一脸不情愿的人。

当然，工作确实很辛苦，麻烦的事情数不胜数，我们不得不承受。但“工作是否有趣”是由“自己做什么事情能够乐在其中”决定的，其范围宽窄因人而异。

其实想来，工作原本哪有什么有趣的事情，但只要具备了发现有趣之处的能力，任何事情都可以变得有趣起来。

这会成为关键的分岔口。

项目进展顺利的时候

从我的经验来看，项目进展得顺利，并不是要一个理想的领导者事先将所有任务明确分割、分配到个人，然后依照计划按部就班地推进。特别是，我们的工作特性，必须要给人以惊喜，让人感动。因此，想要事先按照大道理列出工作计划，将任务分配到个人非常困难。

项目企划如果想要顺利推进，关键在于，哪怕最初的计划中没有决定，也有人主动接手说“这个我来试试看吧”。如果一个项目中有许多这样的人出现，多数情况下就能够顺利推进。反之，如果没有出现这种现象，就算项目完成也会有不和谐音出现，不会做得成功。

比如制作 Wii 的时候，状态就非常理想。“这里出现了一些问题，我来试试吧”，这种情形出现的次数在迄今为止的硬件开发中是最多的。这一定是因为具备了良好的团队氛围。

Wii 的开发团队从项目初期开始，就对“希望把 Wii 做成什么样的游戏机”进行了彻底充分的讨论。因此可以说，能否在团队中共享“想实现的目标”，对于项目是否能够顺利推进极为重要。

也就是说，当项目成员们拥有共同的“想实现的目标”时，就算现实中出现了一些问题或者有可能出现问题，也一定会有人能够发现问题并主动去解决。大概这就是理想的状态。

对他人是否心怀敬意

工作只靠自己一定是无法完成的，一定需要与他人相关联。所谓公司，就是为了实现难以凭一己之力达成的巨大目标，聚集个性丰富的成员，大家齐心协力的地方。

如果经营者自己什么都能做得到，那全部自己去做就好了。自己一个人做，最实实在在，最能具备当事者的意识，最了解目标是什么。如果一个人什么都做得到当然没问题，但人的时间和精力是有限的，这决定了单打独斗所能达到的极限。

因此，在公司中工作的人，要将自己责任范围之外的工作托付给伙伴们。而托付给他人的事情，对于结果如何当然要做好一定心理准备。这种构造，公司的规模越大，层级就越多，范围也越广。这就是所谓公司。

像这样与他人协作共同去实现某个目标的时候，对他人，对与自己具有不同思想、价值观的人们“是否心怀敬意”，我认为是非常重要的。

首先，一定会有和自己观点不同的人存在。或许有时会感到不合情理，但对方也具有自己的逻辑、理由以及价值观。此外，他人能办到自己办不到的事情，了解自己不知道的东西。因此，虽然不是说要全盘接受，但对于他人身上自己所不具备之处、自己没有能力做到的事情，应该心怀敬意。这份敬意很大程度上决定了是否能在工作中寻找到乐趣。

比如说，我虽然当上了任天堂的社长，但既不会画画，也不会作曲。虽说地位上我是上司，员工是下属，但每一名员工都在我做不来的领域具有专业的能力。

对于这样的人，我怀有高度的敬意。或者换句话说，我认为应当秉持高度的敬意。

顺便一提，我的这种态度是三十几岁时从糸井重里先生那里学到的。糸井先生比我年长十多岁，他对擅长自己不知道的领域的人怀有很高的敬意。看到他的待人方式，我心想："真帅气，我也想成为那样的人。"

进一步说，我意识到："对于那些能做到自己做不到的事情的人，糸井先生能够纯粹地被打动，并萌生敬意，仅此一点就不同寻常。"

因此，我并不是在阐述道德观念。实际上，在工作中认识各种各样的人，待之以敬意，会让自己的工作变得有趣起来。我只是想说明这一点而已。

说句题外话，我年轻的时候，感到自己特别忙碌时，曾经觉得“如果再有三个我的复制人就好了”。但是现在回头去看，这是多么傲慢、多么视野狭窄的想法。明明每个人都有着不同的价值，有着各自存在的意义，我当时为什么会那么想，真令人羞愧。

现在的我与此相反，会将每个人拥有各自的强项作为前提来思考。每个人身上的不同之处，我都想要好好地去了解。我始终坚信，在明白这一点的基础上与人交往，能让未来拥有更多的可能性。

◆ 岩田先生的话，拾零之二

有的人实际上具备拿手的才能，

自己却容易陷入“我不擅长、我不擅长”这样的想法。

比方说，世界上没有谁一开始就觉得

“我擅长经营管理”。

人们可能十分厌恶经营管理，

曾经说着“想做一名职人，专注去做一件事情”，

但他们或许会发觉“能教别人做事情，也很有意思”，

这样的改变，我目睹过许多次。

虽然本人没有意识到，

但其实他原本就具有那样的才能。

如果有伯乐能发掘他身上那未曾被注意到的部分，

人就会朝着料想不到的方向成长。

技术人员、绘图者

如果没有“我做得最好”这样的自信或骄傲，

就无法将能量彻底释放出来。

编程的人也一样，

认为自己的方法最棒。

与这样的人一起进行研发，

肯定会起冲突。

毕竟，创造就是彰显自我。

在自我的展现上合拍的人，

不用特意做什么，也能步调一致。

而正因为全体成员都怀着善意和热情，

才会认为“我最正确”。

若成员们各自朝着不同的方向，

要如何将他们协调起来？

我进入公司之后不久就担任了研发的负责人，

某种意义上讲，这是经营管理层面

绝佳的训练。

人们身上蕴含着潜能。

如果能将人们身上的这种潜力，

尽可能有效地发挥出来，

其实组织自身受益更多。

反之，组织内部可能有着内在损耗的力量，

在无用的方面消磨了精力，

这样的情况实在不少见，

如果能使这些趋向协调一致，

就会在外部发挥非常有效的作用。

虽然对困难的程度不甚了解，

但另一方面将“事情总能达成”作为前提。

身为领导者，有时不得不这样做。

正因为将“事情总能达成”作为一切的前提，

大家才会想“必须要做点什么”。

我有时候也抱着这样的心态。

比如说制作 Wii 的时候，

我对工作人员说道：

“希望把主机做到三张 DVD 的厚度。”

当然，我明白这个要求多么难以实现，

只是装作不懂的样子而已。

不用说也知道这极其困难。

不过，可不能总是这么做，

有时抛出无理要求，有时则不为难别人，

要有张有弛才行。

领导者总是抛出各种难题的话，

组织也无法顺利运转。

事到如今我再次意识到，

设定目标是极为重要的。

就算是没有先例的目标，也是如此。

单纯地将既有模式重复堆叠，

就能够积累利润将规模做大吗？

与之相比，认清想做的事情是什么，

明确“想实现这样的目标”，

逆向推导，朝着目标前进，

我认为这才是正确的。

当然，如果社长只是说了一次“想实现这个目标”，

员工们并不会坦然接受。

多次反复地说，

到了某个时候，说出的愿望中会有一部分成为现实，

于是一个又一个人意识到，

“原来是这么回事”，

“任天堂的目标是朝这个方向努力，所以现在我要这么做”，

全体员工都彻底领会到这一点，

我们所描绘的不远将来的蓝图

就在成员之间实现了共享。

因此，首先要将同一番话反复不厌地说下去，

这大概是过程中必要的一环。

听完说明后能理解的人，

与理解之后还能向其他人说明的人，

理解的程度完全不同。

公司的市场份额处于行业首位时，

是否依然能够做出可带来非连续性变化的决策，这非常重要。

我认为，市场份额位居第一时为公司掌舵的方式，

与需要追赶同行时相比，一定不尽相同。

但是，即便决策方式并不完全相同，

出现危机感时，如果不朝其他方向前进，

而是慢悠悠地应对，就会错失良机，

因为时间总是转瞬即逝。

如果感到这样下去没有未来，

那么，就算市场份额占据一位，

就算遭到许多人劝阻说，

“已经是行业龙头，没必要这么做，

只要守住现在的位置就好了吧”，

也要勇于做出一些哪怕是粗暴的决策，

及时调整经营方针。

当然，具体的做法可能会有所不同。

任天堂 DS 大获成功，

Wii 在全世界获得好评，得到人们的认可，

实在是非常幸运。

但只有一件事能让我满怀自信地说出口，

那就是，之所以能有此荣幸，

是因为任天堂公司的全体成员

都为之付出了莫大的努力。

反过来讲，付出同样努力，

却没有被好运眷顾、没有获得成果的情况，

世界上也有许许多多。

成为大型企业之后，

必须要做出“这次决意主攻这一点！”这样的决定。

因为对公司而言，

值得去做的事情是无限的，

如果没有人来决定关键方针，

力量就会变得分散。

因此，无论是宫本先生还是我，

必须要做出选择：

“来做这件事吧。”

问题在于，什么时候做伸展运动（向更高的目标发起挑战）。

有了天时地利，可以一决胜负，

而不具备天时地利的条件就去做伸展运动，

很大概率会彻底失败。

真的会愤怒生气的人，

或是真的会欢欣雀跃的人，

遇到这样的人，难道不是工作的有趣之处吗？

第三章

岩田先生
的个性

岩田さんの個性。

想知道“为什么会变成这样”

我总是尽可能地希望理解“为什么会变成这样”，不搞清楚就无法释然。

为什么会出现这样的情况，为什么他会说这样的话、做这样的事，为什么世界会变成这样……我会尽可能弄清楚背后的因果关系：“由于这样的原因，才导致了这样的结果。”

因此，观察到事实后，我时常会思考背后的原因，建立假说。然后进行验证，再重复这一过程，这样眼光才能渐渐看得长远，面对问题时能用从前不具备的视角来审视。

这是我从糸井先生那里学到的东西。糸井先生时常能够预见未来，他赞赏的东西会变得流行，变得畅销，这是我曾经多次亲眼见证的事情。

于是，我多次请教糸井先生：“为什么您能在半年前预见到它的流行呢？”

他一直如此回答：“我并没有预见未来。世界已经开始发生变化，我只是比其他人更先察觉而已。”

听到这番话我开始思考，如果希望拥有同样的能力应该怎么做。于是我尝试建立假说、验证假说，再重复这一过程。因此，我能够比别人更早地察觉到世界的变化，至少现在的我比当时更具备这样的能力了。

此外，比起自己是否正确，我更在乎是否能让他人开心。

在我的价值体系中，“让身边的人开心”，“让身边的人露出幸福的表情”，这些事情的重要程度位居前列。我甚至想：“只要为了这个目标，做什么都心甘情愿！”

另一方面，正确与否是很难判断的。

就算认为某个人做错了，如果表达方式不能获得那个人的理解和认同，再怎样正确也无济于事。

嘴上正确的人很多，正因如此才冲突不断。彼此之间本着善意，因此才会做出不当的行为。怀有善意的人，言行会变得理直气壮。如果认同对方会造成对自己价值基准的否定，一定会坚持主张毫不退让。

此时，嘴上正确的人并不会想：“为什么对方接收不到我的讯息呢？”

反过来讲，交流能够成立的前提是，必须有一方为了获得对方的理解和认同，在某处做出巧妙的妥协。

能够发现奖赏的能力

持续做某件事的时候，人们会有坚持不下去、选择放弃的时候。

例如“还是掌握英语比较好”，恐怕谁都有过这种想法，但是其中很大比例的人会遇到挫折。

此时就有了洞察到哪些是“自己不擅长的事”的契机。实际上，这是我开发游戏时的一项发现。

游戏分为玩了之后立即放弃的和“不知不觉中就玩了下去的”两种。就算是同样制作精良的游戏，也分为能让人持续玩下去的游戏和中途就放弃了的游戏，而与其本质的趣味性无关。这与其他许多事情上人们能否保持一项习惯的道理相通。

共通的道理是什么呢？首先，人们会对某个对象倾注自己的能量。时间也好，劳动也好，金钱也好。投入了这么多之后，希望从投入的对象那里获得些许反馈，也就是对自己的奖赏。

此时，如果比起自己倾注的心血和能量，感到获得的回报更多，就能坚持下去。但是，如果获得的回报比不上付出，人们就会感觉受到挫折。

这就是“让人持续玩下去的游戏”之所以成立的条件，也是“学英语是否会感觉受到挫折”的根源所在。它们之间的道理是相通的。

人们擅长的东西，就算放之不理也能自然而然地顺利发展。比如擅长画画的人，就算没人要求，也会主动拿起画笔。得到周围人的称赞后，又反复这一过程，渐渐变得越来越厉害。

再比如就我而言，对计算机从一无所知到渐渐理解，了解越多越能体会到它的乐趣。

对制作商品、做策划的人来说，放眼世界，看到无数有趣的东西被创造出来，在吸取经验的过程中产生快感，变得越来越擅长。能够建立起这个循环，才是一个人真正的才能。

也就是说，所谓才能，或许正是“发现奖赏的能力”。与其说才能是“完成工作”，不如说它是“在完成工作中感受到快感”。或者说，是那种能够找到奖赏、知道如何打通“获取奖赏的回路”的人。

有时会碰上已经快要走到奖赏的面前，却没有打通这条回路的人。此时向他建议“不妨试试这样思考”，“就算可能会白费力气，也忍耐三次试试看”，或许能够帮助他顺利渡过难关。

如果感觉到比起投入付出的成本，获得的奖赏更多，不仅能建立良性循环，也能将这项工作持续下去。或许就是这样，在人生中“擅长的东西”会不断地将我们领向通往奖赏的回路。

有了一次经验之后，能力会不断累积。这是因为在奖赏的回路旁边会有许多类似的东西出现，在人们眼中它们既是奖赏，也是新的发现。

而对迄今为止以为自己不擅长的事情，也会感觉到“其实道理是相通的”。比如说我后来发现，编程与公司经营有着很多共同点。

只有发现了这种关联，才有可能扩充自己擅长的事情。在我专职从事编程的时候，就算读了公司组织和经营的书，也无法将其联系起来，无法在真正意义上理解其内涵。并不存在“明天就能立即用上”的东西，也无法从中赢得“获得奖赏”的感觉。

就算勉强去学习与自己毫无关联的事情，也无法真正学以致用。那么与其在这些事情上耗费时间，不如优先去做自己喜欢的、擅长的事情。

将有关程序的经验运用到公司经营之中

程序，都是纯粹的、不容错的逻辑，所以哪怕出现一个矛盾之处，这个系统都无法顺利运转。

机器本身不会自己出错，如果发生错误，问题一定出在机器以外。因此，如果系统无法正常工作，那么显然，问题出在人自己的身上。

但是，每个程序员在写好程序的那一瞬间，都会抱着“这个程序肯定能一次性成功”的念头来试运行。可想要回回都一次性成功，是不切实际的。即便如此，在那个瞬间，程序员心中还是坚信，“我写的程序肯定没有一点问题”，并按下运行的按钮。

程序的世界，讲求的是理性。因此，如果无法顺利运行，问题一定都出在编写程序的这一方。

我认为，人与人的交流无法顺利传达的时候，不应该责怪对方，而应该在自己这里找原因。因此我的思维方式变成了：“为什么那个人无法理解我的意思、无法产生认同感？是因为自己没有找到最佳的传达方式。”

能够领悟到这一点，多亏编程工作的经验。因为系统无法运转的话，问题一定出在程序上嘛（笑）。

因此，如果与人交流不顺利，在认定对方“真是个搞不懂的人”之前，要先意识到自己的问题。想要顺利走下去，必须从自身进行改变。只要深入探寻适合那个人的方式，就一定能够找到取得理解和认同的方法。直到今天，遇到交流不顺利时，我也还是会从自己身上找原因。这样的思维方式，恰恰是从过去编程工作的经验里学到的。

除此之外，将有关程序的经验灵活运用到公司经营之中的例子还有许多。比如说，将包含多个层面的复杂问题进行拆解简化的时候，编程的经验就非常有用。

分析问题需要将事物的要素拆解开来，然后在问题的内部建立假说：“这样做，就能证明这一点。”程序员在遇到问题的时候，总是建立起多种假说，并在头脑中进行比较，再不断地重复这个过程。

因此，在应对复杂问题之前，身体已经得到了充分的训练。试错次数多了以后，就像每天进行肌肉训练一样，会建立起一定程度的自信。

只要是合理的，就立即下定决心

遇到新的问题，迄今为止的方法不再适用时，我首先会思考有没有其他的方案。比起自己动手，还有没有更好的选择？如果不是我来做，还有没有其他适合的人选来做？

接下来，不论喜欢与否，但凡认为“这件事情自己来做最合理”，就立即下定决心。

因此，迄今为止我做过的工作应该都是自认为合理的，至少在决定的瞬间没有迟疑。虽然并不一定认为会成功，但坚信自己去做是最佳选择。

这大概也是一种程序员的思维方式。

不论喜欢与否、困难与否，首先去思考“合理与否”。唉，所以，能去做而没有做的事情大概有很多吧（笑）。

简单来说，站在台上发言这件事，直到今天为止，也不是我擅长的。更何况 2001 年之后，还要用英语演讲。我小时候又没在美国生活过，高中时对英语也很苦恼（笑）。

但是我认为，与其让他人说“你去做”，不如自己来做。因为一旦对这件事的合理性做出判断，就做好了觉悟。如果这件事非做不可，不如早早地做好觉悟并积极着手，这样才对。

同样道理，也有许多事情无法去做。既然下定决心做好某些事情，就一定会有许多其他事情没法去做，因为不做也无妨，所以才不去做。这样才能把必须要做的事情做好。

说到英语演讲，首先这是一件必须有人去做的事。我第一次站上演讲台时，还没就任社长，当上社长之后就更义不容辞了。

那是在美国的一个大型发布会，需要有人来阐述任天堂的经营理念。

虽然也可以请宫本先生来讲，但那样的话，就需要宫本先生进行演讲的练习。而我认为，与其让宫本先生把时间花费在这件事情上，不如让他去做更有趣的游戏创作。如此一来，就不得不自己去做了。这就是我的判断。

接下来非常重要的是，从结果来看，这并不是一件令人厌烦的事情。我下定决心自己去做，“完成了从前自己做不到的事”，会感到非常有趣。

虽然非常不容易，但同时也能够从中发现有趣之处。这就是我能将英语演讲这件原本自以为不擅长的事情，一直坚持到今天的理由。

“程序员不能说不”的真正含义

很早以前我曾说过一句话：“程序员不能说不。”制作游戏的过程中，程序员如果说“办不到”，好不容易想到的点子就无法实现，也就无法从中产生新创意。如果程序员只考虑怎样轻松地编写程序，就无法超越既有框架，诞生新的绝妙想法。况且，原本以为做不到的事情，在不断试错的过程中最终得以实现，也是常有的事。

因此，作为一名程序员，不能轻易地回答说“不”。直到现在我也认为，这在本质上没有错误。因为这是我的责任，所以这番说法中多少有些独断的成分。

事实就是，程序员如果说了“不”，就关闭了通向其他可能性的大门。不过，研发的条件并不是无限制的，制作游戏是在有限的制约中进行。因此，真的做不到的事情应该诚实地回答“办不到”。

有可能实现时，程序员应该提醒他人：“虽然可以办到，但要做出这样的牺牲”；“虽然做得到，但在这一点上无法两全其美”。彼此在这些问题上取得充分理解，再向前推进。

希望大家将这些与“程序员不能说不”这句话结合起来理解。不要错误理解，去斥责“程序员怎么能说办不到呢！”

作为当事者，不后悔地决定事物的优先顺序

抱着要让他人感到欣喜的目标，无论多么困难的问题，

我都会作为当事者主动思考解决方案，积极处理。对于我身上的这个特质，糸井先生评价说“那是一种病”（笑）。

的确，当我看到别人遇到困难、遇到问题时，总是希望能去解决问题。准确地说，如果眼前出现了什么问题，不认真思考“如果是我该怎么办”就无法释然。与其说是帮助他人，不如说更像是站在当事者的角度上去认真思考。

为什么会这样呢？既不是因为喜欢那个人，也不是认为对方可怜，而是因为想让对方开心起来，而且这很有趣。虽然这只是我的一个理念，但如果能够解决问题，让那个人快乐起来，那个人具体是谁并不重要。

然而，时间毕竟是有限的，那个人的问题最终需要花费多少时间去解决，必须做出选择。这时常令人为难。

特别是网络出现之后，无论身在哪里，无论相隔多远，无论物理空间如何，这些制约一下子消失了，这种让人为难的情况变得越来越多。

我在思考自己能做什么的时候，最后总是回到时间的限制上来。比如思考一天中应该安排哪些工作的时候，因为我身在京都，从前只能与京都的人见面。“和谁见面，可以有效利用这段时间？”脑海中只要浮现出京都的那些面孔就可以了。而现在，由于网络的普及，哪怕身处地球另一端的人，也可以时刻进行密切联络。

此外，网络为我增加了动力。过去，即便有人碰到困难，我也无从得知“或许自己能有机会提供帮助”，但如今，知道“自己可以帮得上忙”的情况多了起来。但是，可供支配的时间依然有限。

也就是说，与什么人一起做什么事，虽然可选择的范围比起以前有了飞跃性的增长，但并没有那么多时间与几十人、上百人进行联系。怎样使用一天的时间才不后悔，成了非常困难的问题。

因此，所谓“一起高效工作”，并不是非得把全部时间都用上不可。用来发呆、思考非常无聊的事情的时间，也绝对不是白费的。

应该将自己有限的时间和精力用在哪些地方，这个问题最终会指向对生活意义的哲学思考。

话说回来，将涉及面扩展得太宽，会导致什么都做不好。公司在做选择的时候也是同样道理，笼统地面向大众采取行动，想一网打尽，结果却鱼龙混杂，无法对每一个细节进行认真打磨。这样既没有深度，也不会带来更多附加价值。

因此，无论是个人还是组织都应该将自己能做到的东西梳理清楚，以将来不后悔为原则，决定事物的优先顺序。后悔一定是难以避免的。但我始终认为，能做而不想去做的事情，或者“当时要是去做就好了”之类的情况，应该尽量避免。

◆ 岩田先生的话，拾零之三

假如换一个完全不同的环境，

我会更按照自己的趣味去生活。

我原本就是那种放任不管，

就会去尝试有趣的事情的人。

然后时不时地将趣事展示给周围的人，

如果他们开心，我就会感到幸福。

我认为，

有些事情苦思冥想也没有用，

人却总是要为之烦恼。

如果烦恼能够解决问题，

那么烦恼也无妨。

可是，即便烦恼也解决不了问题，

烦恼没有任何好处，

人却依然不由自主地去苦思冥想。

比我年轻、比我入社晚、资历更浅的员工，

编起程序来既简洁又快速，

于是我清楚地认识到那个人的优秀。

针对同样的一项任务，

能写出更简洁、更快速的程序，

一定是更好的方案。

我便抱着敬意，从人家的方法中学习，

这是理所当然的事情。

对于能办到自己办不到的事情的人，

无论性格是喜欢或讨厌，

都无关紧要，我一定怀有敬意。

我身上的这个特质，

应该也可以称作公正吧。

举个例子，在餐厅，客人对端上来的料理说：

“太多了。”

此时说出“太多”的那个人，

为什么会有这样的发言呢？

实际上，根本原因并不在于料理“太多”，

“不好吃”才是问题的关键所在。

因此，如果实际上量并不算多，

却只意识到客人指出了“太多”的问题，

而没有将眼光放到“不好吃”上，

那么，只将量减少，是解决不了问题的。

真正的问题是“不好吃”，

却不改变味道，而只把量减少，

表面上解决了问题，实际上什么都没有解决。

我迷上一件事情的时候，

如果能明白为什么沉迷，

就能将这个过程

作为引起共鸣的手法，活用在别的地方。

制作作品时每天付出的辛苦劳动，

可分为两种情况：

有些工作“必须投入人的辛苦劳动”，

还“有些事情可以由机器来做”。

因此，我从很早开始就想要建立一个

“将可由机器来做的工作自动化完成的系统”。

我原本就厌倦简单的机械性劳动，

想变轻松，只做有趣的事情。

因此，对于简单的机械性工作，每天重复的这种苦劳，

实在是非常不情愿……

我也不愿意把这些工作推给其他人。

“制作无论年龄性别经验都能享受其乐趣的作品”，

是任天堂一贯的目标。

“功能越简单越好”，

“应该简单易操作”，

“在这个情况下选项过多会令用户困惑，应该简化”，

这些苹果公司的企业哲学，

或者说是史蒂夫·乔布斯的价值观，

与任天堂的态度有一定的共通之处。

但另一方面，显然苹果是一家高科技公司，

而任天堂是一家娱乐公司。

因此，对优先程度的排列方式大不相同。

比如，对我们来说，比起将产品变薄 0.5 厘米，

我们会毫不犹豫地选择把产品做得更结实耐用；

反之，我不认为苹果有必要

反复把 iPod 从自行车车筐的高度摔下来，

进行耐久测试。

如果说苹果与任天堂存在某种共同理念，

那就在于“简约之中蕴含魅力”这一点。

事物经过高度凝练会愈加简约。

但我们毕竟是不同的。优先次序不同。

我这种人，发言和演讲稿全部自己写，

幻灯片资料也自己准备，否则就不能安心。

第四章

岩田先生
信赖的人

岩田さんが信じる人。

一个创意，解决多个问题

“所谓创意，应该能够一口气解决多个问题。”

这是任天堂的宫本茂先生制作游戏时的理念。宫本先生把它作为一种游戏创作的方法论，不过我认为，这个理念是万能的，不仅限于游戏领域。

不管什么领域，道理都一样，创作过程中总会遇到“一个方法在这里有用，在那里却没用”的情形。

因此，在某些事情上，或许会遇到“这样做可以变好”，“这样做会变坏”的抉择；但现实中制作一个产品时，“只遇到一个困难”的幸运情形实际上少之又少，多个难题同时出现才是常态。仅去攻克其中一个难题，无法改善整体。就算费尽力气努力改善了一处，也可能会产生副作用，甚至让迄今为止顺利运作的其他方面出现问题。

所以，在企划会上商议“这个问题怎么解决”的时候，会有很多人提出各种各样的方案。但其中大部分只针对某一个问题，并不能解决其他问题。也就是说，付出了辛勤汗水，却不能让整体向前推进。

做游戏，碰到最多的问题是趣味性不足。当然，设置更多有趣的关卡，游戏会更精彩，玩家也会更满足。但是，制作一部游戏的人手和时间有限，用有限的资源做到“多多益善”，自然存在矛盾。

而有时候，只需去做一件事，不仅能改善这里，还能改善那里，甚至意外解决未曾想过的问题。

宫本先生总是一边念叨着“在哪里、在哪里”，一边不断寻找这样的“关键之处”。非常执着，坚持不懈。

从前我担任 HAL 研究所社长的时候，有一次宫本先生突然打电话来，你猜他开口第一句话说了什么？

“我知道了，岩田先生。”他这么说。

宫本先生说“知道了”，指的是那时我们正在一起制作的游戏的创意。他恰好想到了一个点子，能“同时解决三四个令人头疼的问题”。

一个构想不仅能改善这里，还能改善那里……这才是“好的创意”。找到这样的关键点，将整体向前推进，逐步接近最终目标。

宫本先生认为，游戏制作总监的任务就是寻找这样的创意。

而在我看来，这个道理不完全局限于游戏。世上之事，常常难以两全。这种状况就是所谓的“权衡抉择”，而世上每个人都必须直面权衡抉择的情形。

成本花得越多越好，人才聚集得越多越好，花的时间越久越能够做出好的成果。我们当然明白这个道理，并坚持这个原则去做；但其他人也会用同样的方法向前迈进，那么我们做出的产品就没有竞争力。

但是，如果能把一件事物与另一件事物结合起来，找出关键点，那么，越是一般人难以察觉到的切入点，就越能创造价值。追溯问题的根源，会发现几个看似无关的症状在本质上是相互联系的，改变一处，就会对另外一处看似并无关联的事物产生影响，于是同时解决几个问题。

就像这样，宫本先生用一个创意一下子解决多个问题，正是在纵览全局之后，才打电话来说“我知道了”。

宫本先生的越肩视线

作为游戏开发者的经验尚不充足时，我会因为自己的作品卖得不好而纳闷："为什么卖不出去呢？"

这种话自己来说或许不妥，但我不认为是技术上不如人，然而就是卖得不好。可是，让宫本茂先生来做，能比我制作的游戏多卖好几倍，有时甚至能达到十几倍。如果只看程序的质量，或许并没有什么差距。

我也很想像宫本先生那样，受到用户的喜爱。

宫本先生按照"只要这样做，就会得到这样的结果"的方式创作游戏，虽然当时命中率比其他人都要高，但他并非神通广大，偶尔也会出错。

这时如何修正呢？他会在公司里找一个没有接触过这部游戏的人，忽然把人叫过来。事先不进行任何说明，直接让人拿起手柄，说"来试试看"。

那时，宫本先生作为游戏设计师还没有像今天一样享誉世界，当时他还只是科长或者组长。

从那个时候开始，宫本先生就会把不认识的人叫来，直接把手柄递到那人手里。说完“来试试看”之后，就一言不发地站在对方身后观察。我把这称为“宫本先生的越肩视线”。

这么做的重要性，直到和宫本先生共事之前我都还不太明白。但刚开始一起工作，我就顿悟：“啊，原来如此。”

可以这么说，制作游戏的人，没办法对购买游戏的每一名玩家解释，“这里是这样设计的，应该这样玩”。这是理所当然的。因此，除了把一切都放在作品里，没有别的选择。

可是，只通过这种途径没办法将一切都传达给玩家，因此玩家可能无法完全领会，甚至在制作者所预料不到的地方，产生预想外的困惑。

宫本先生的“越肩视线”，就是在发掘这些困惑点吧。

观察初次接触作品的人玩的过程会有很多发现。“啊，原来这里他没弄懂”，“那里设置的机关他没注意到就直接绕过去了”，“不先这么做的话，后面可就麻烦了”，等等情形，能从背后观察到的事情数不胜数。这样就能理解玩家在没有预先知识的状态下，会做出什么样的反应。

所以，对宫本先生来说，无论自己作为游戏设计师的成绩如何斐然，都会坚持“玩家没能明白的地方就是自己的设计失误”。

简单来说，玩家的视角是怎样的，如何去发掘玩家的视角，这个方法宫本先生很早就明确了下来。另一方面，我感兴趣的是我所写的程序是否优秀，更多时候沉浸在制作者的立场看问题。

有很多创作者和曾经的我一样，笃定地自说自话，“我认为这很好”，仿佛代表了所有的玩家。直到发现“玩家做出了这样的反应”，才去问自己“为什么会这样？”，才不得不开始考虑“那么，怎样才能找到问题的根源？”其实，“我是这么想的！”只是自己的预设，而我们时常将事实与假设混为一谈，以自己的意见为先。

宫本先生的独到之处在于，对于自己在意的地方非常我行我素；而另一方面，他会非常冷静地观察那些初次接触产品的人如何感受，只要发现有信息“没有传达给玩家”，就能立刻退一步换一个角度重新思考。

一直都以近距离视角观察，突然也可以切换成从远处审视。就像是用放大镜细致观察之后，转而从离地一万米的高空重新纵观全局。他可以像这样迅速切换视角。

通常来说，从某一个视角来审视事物，距离会越来越靠近，然后视角就被固化了，多数人都是如此。

大概，宫本先生所说的“一口气解决多个问题的创意”，越是从近距离观察，就越难看清。不转换视角就很难注意到的问题，正是普通人难以发觉的。

正因为宫本先生可以轻而易举地变换视角，所以他推导出的并非单纯的解决方案，他不是在这一边支撑不住的时候，让那一边来补救。

可能世上绝大部分人都觉得宫本先生是艺术家吧。重视瞬间的闪光，属于右脑发达的天才人物，像受到神的启示一般，可以接二连三迸发出常人难以企及的灵感。

但并非如此。

宫本先生其实是个极其重视逻辑的人。不仅如此，他既具备左脑的理性思考，又拥有希望走上艺术道路的人们所梦寐以求的天马行空的思维，他的头脑中二者兼备。虽然很不甘心，但的确令人羡慕。

我呢，虽然不能说完全没有才能或右脑型的灵光一现，但是和宫本先生一起工作，以及和糸井先生碰面时，实在不想和他们用右脑来竞争。在这方面我完全不是对手（笑）。

比起不擅长的事情，在自己的拿手领域一决高下才是我的基本方针。

准确理解计算机的宫本先生

虽然宫本茂先生没有对计算机和程序进行过系统的学习，但从计算机的黎明时期起，他就通过制作游戏积累了各种各样的经验，对于计算机这个用来实现目标的工具有着深入的理解。

当然，对于怎样用计算机编写程序这样的专业问题，他可能并不了解；但对于计算机擅长哪些事情，不擅长哪些事情，他具有极为精准的认识。

因此，如果程序员说“做不到”，他不会要求对方“无论如何也要做到”，而会去问：“这是什么原理？”于是程序员就会为他讲解，听完之后他会建议：“那么利用这个原理，能否达到这个效果？”于是发现，“这个的话，可以做到”。

例如，制作《皮克敏》的时候就是这样。这款游戏的每一个动作、结构都非常简单，但是要让整体运转起来且没有破绽就非常困难。计算机从构造上来说，一个指令只能进行一项简单运算，将这种简单运算组合起来就能完成复杂的处理。这既是编程的有趣之处，也是难点。

宫本先生并不是要设计使整个游戏运行起来的程序，而是要理解每一项简单运算大体上是怎么回事。他很清楚自己的思路。

但话说回来，宫本先生果然是在理解原理和机能的基础之上才发言的人。因此，就算没有专业知识，也能和程序员进行沟通。为了实现自己的目标，他代替断定“做不到”的程序员，亲自提案应该如何来做。

能做到这一点的游戏设计师真的不多。

如今，在许多方面、许多事情上能够助我们一臂之力的人很多。方向性的问题，即使不借助宫本先生的力量，也能达到非常高的水准。仔细观察实际完成产品的每一处，会发现都做得极为出色。

但决定游戏整体印象的，毕竟不是这些东西。

重做《地球冒险2》的两个方法

《地球冒险 2》这款游戏的研发可以说是困难重重，作为外援，我被叫到了研发一线。从立场上讲，当时我是HAL 研究所的社长兼程序员。

如果我记得没错的话，按照当时的情形，游戏根本无法完成。首先，糸井重里先生就断言：“这样下去是完不成的。”

于是有了这番话。

“我可以来帮忙，做法有两种。”

之后的这番话在游戏爱好者中广为流传。

“运用现有的东西进行修正，这个方法要花两年时间。而从零开始重做，只花半年时间。”

虽然最终选择了从零开始重做，但无论选择哪种方法我都会尽力去做，实际上两种途径最终也都能完成。

如果对我说“请选择你认为最恰当的方法”，我会选择重新做起。但当时我肩负着项目重建的任务新加入团队，所以无论哪种方法我都会尽力去做。

毕竟，对项目之初就在团队中的成员而言，一个新来的人突然出现在面前，扬言道：“从零开始重新做起！”这种宣言，肯定有人无法认同。如果破坏了工作氛围，会把原本可以顺利运转的地方也搞砸。因此，将可能的选项摆出来让他们去做选择，我认为这样做才正确。

制作《地球冒险 2》，从开始研发到最终完成耗时五年。其中四年我不在其中，只有最后的一年去帮了忙。

虽然我把游戏从零开始进行了重新架构，但每一个要素，都是在此前的四年间完成的。美术设计、故事情节、背景音乐在一定程度上都已经完成。也就是说，素材已经大致集齐了。

我第一次到制作现场的时候，发现各项数据已经大致完成。那时我说“总之先让它们动起来试一试”，把得到的数据带了回去。然后，大概过了一个月，做到能让地图滚动起来了，这时拿给糸井先生等人看。

大家都大吃一惊（笑）。看到大家兴奋异常、极其惊讶的样子，我反而感到非常不可思议。不对呀，我只是做了很普通的事情而已。但也可见研发过程中遭遇了怎样的困难。

最终，《地球冒险 2》在半年之后算是大体成形，可以从头至尾通关玩下来了。但还是想再花功夫打磨一番，所以又用半年时间对细节之处进行调整，总算上市发售了。

只看结果，会以为在我加入之后仅用一年就把游戏做出来了，但其实游戏并不是在那一年间完成的。因为有前面的四年，才有了《地球冒险 2》这部游戏，其中凝聚着许多乐趣和滋味，是无法在一年之中速成的。这款游戏经历的四年磨炼并没有白费，人们在苦恼之中不断试错，这些最终都被运用在游戏之中。

《地球冒险 2》与游戏人口的扩大

《地球冒险 2》这款游戏，一直以来受到游戏爱好者们的推崇，很多人谈论“我喜欢游戏里的这一处”。并且每个人所说的地方都不尽相同。

有些人喜欢音乐，也有些人喜欢里面的语言，喜欢的场面，每个人都不一样。有人被一句话感动到流泪，也有人讨厌里面角色打嗝的声音。玩家们在不同的地方有着各自不同的回忆。从被感动得流出眼泪，到笑着说“真无聊！”，内心接连不断地被击中。

于是，听其他人讲述时，就算自己受到触动的地方不同，也会产生同感说“没错没错！”在讲述自己的回忆时，会得到其他人“没错没错！”的反应。总之，这是一款让许多人对许多场景产生共鸣的游戏。

为什么《地球冒险2》这款游戏如此特别？说到底，是因为糸井先生的存在。正因为当今的游戏制作者中缺少糸井先生这样的人，才做不出《地球冒险2》这样的游戏。

糸井先生曾经一度沉迷电子游戏，有着实实在在的玩家体验，从这个意义上而言，具有玩家本位的视角。同时，他还具备一般游戏制作者不具备的各种丰富经验。他将这两点聚集于一身，形成了独特的个性。

说到《地球冒险2》，其大致的形式延续了日本RPG的模式，这一点并没有什么特别之处，但是综合来看，它的个性无与伦比。那是因为糸井先生在这个游戏之中灌注了种种有趣之处、感人之处、超乎常识之处，甚至无聊之处，这些全都会对玩家体验产生影响。想来想去，能做到这个程度的，绝无仅有啊。

“无论大人、孩子，或是姐姐们。”

这是糸井先生为《地球冒险 2》写的宣传语。我参与了这部游戏的最终制作，并因此与糸井先生相识，而《地球冒险 2》的这句宣传语与我成为任天堂社长之后提出的“游戏人口的扩大”的理念正好契合。不如说“游戏人口的扩大”正是“无论大人、孩子，或是姐姐们”的意思（笑）。

此外，《地球冒险 2》玩的时间长了之后，游戏中的爸爸会打电话来提醒：“要不要稍微休息一下？”这个系统在研发 Wii 时得到了应用。如果没有这个“两小时爸爸”的机制，Wii 或许就不会具备记录玩家游戏时长的功能了。

因此，在我参与制作的游戏之中，《地球冒险 2》是提供了很多灵感、非常特别的一部作品。

向糸井先生阐述的工作理念

有一件事，我记忆犹新。《地球冒险 2》的研发工作刚结束，我去拜访糸井先生的事务所，想请他担任当时我所属的 HAL 研究所的顾问。

那时不知为什么，我向糸井先生讲述了自己的工作理念。“我希望做让大家开心的工作。或许是玩家，或许是工作伙伴，或许是将工作委托给我们的人，不管是谁，我就是喜欢让周围的人开心起来。身边的人看起来很幸福，那就是我的能量来源。”我似乎说了这样一番话。

为什么我会对他说这些呢？那时我们认识不过一年有余，还算不上关系非常亲近，为什么我能如此直接地说出心声？直到今天还是个谜（笑）。

如果是交往二十多年的好朋友，说那样的话也算不上不可思议……但是就像认识了二十多年的前辈一样，我对他说了那番话……真的说出了口。

接下来令我难忘的是，听完我这番话之后，糸井先生说：“我也是这样。”

于是，我想：“啊，这就没问题了。尽管在许多方面我们的做法完全不同，个性也完全不同，走过的道路也不一样，但我与糸井先生能够奇妙地合拍，是因为有着同样的工作理念。”

从那以后，我感到和糸井先生的距离一下子拉近了，当然这只是我擅自的感觉。我和糸井先生的友谊得以持续下来，正是因为我们“珍视的东西”非常相近。起初我在表达自己的工作理念时，糸井先生发自内心地回应道“我也是这样”，正因如此，我们的友谊才持续至今。

到今天我仍然时常感觉，“帮到了别人的忙”，“让谁开心了起来”这样的事情充当着自己的能量来源。看玩家的问卷调查结果是一件令人开心的事；得知商品得到赞赏，玩家玩得开心，直到今天我仍然对此感到十分欣喜。

或许这是因为，自己工作的理由，更进一步说，自己存在的理由得到了确认。如果没有这样的东西，能量再强大，也会有电力耗尽的时候。

但是，看到玩家的笑容，听到伙伴们说“谢谢”，能够为我补充能量。因此，在任天堂工作的我们可以说是从“玩家的笑容”中获得了活力。

山内溥先生说过的话

在我对 HAL 研究所进行重建的五年间，也就是在进入任天堂之前，每年有两至三次机会与当时任天堂的社长山内（溥）先生进行定期谈话。这个谈话包括我与糸井重里先生，有时还加上宫本茂先生。

山内先生是出于什么意图留出这样的谈话时间呢？直到今天我也不清楚，但我确实受教良多。或许他以为我们能从谈话中有所领会。他一定非常忙碌，却特地留出时间热心地与我们交谈。正如人们所知，山内社长不爱笑，但与我们聊天的时候一直是笑盈盈的。

回想起来，那就像一所学校，学习经营的学校。什么是娱乐，什么是软件，任天堂作为一家公司最看重什么。任天堂应该做什么，不应该做什么。

山内社长说："任天堂如果和人打起来一定会输。在外面和人起争执可不行呀。"他的这番话，从经营领域的理念来讲，就是"蓝海战略"。

例如制作新硬件时，如果只是重复以前做过的事情，就不能给人带来新鲜感，玩家人数也不会增加。山内先生很早就这样说过。包括便携式游戏机、家庭型游戏机在内，如果仅重复已有的东西，就没有个性。没有个性就会导致价格战。

山内先生还经常谈到“适合不适合”的问题。这与我经营公司后的核心理念“发挥擅长之处”在本质上是一样的。当时我还年轻，甚至感觉：“用适合不适合来判断一个人，不就是说努力没有意义了吗？”但现在回头去看，山内先生的话果然本质上说得没错。

之后，我也有过多次与山内先生交流的机会，他反复讲道：“不要重复以前做过的事。”有一件很具代表性的事，就是后来成为任天堂 DS 诞生契机的一项提案：“游戏机应该有两个屏幕。”最终这真的变成了现实，对于我们来说，它的真正意义在于“双屏幕，也就是去做与迄今为止的事完全不同的东西”。

山内先生提出“双屏幕”，是在任天堂 DS 诞生很久以前，但从那时起，我和宫本先生内心就有了这样的一个主题。直到有一天我们意识到，将触屏技术与双屏幕结合用在便携式游戏机上会产生非常有趣的效果，于是构成了具体的设想，解决了这个难题。

当时的事情还历历在目。在公司附近有家意大利餐厅，我和宫本先生时常去那里吃午饭。在餐厅的停车场，我和宫本先生说话时忽然想到："啊，就是它！"（笑）。

就像这样，山内先生说过的话留在了我心里。"不要重复以前做过的事"，这句话不知听过了多少遍。不断重复讲着，也就变成了心里挂念着的课题。之后，山内先生的信念也没有改变过，始终如一地说着同样的话。如此一来，这些话不知何时就潜移默化地转移过来，我们也说起了同样的话。当然，语气多少变得轻柔了一些（笑）。

总而言之，山内先生说过的话，我从不曾忘记。因为他可是让任天堂这家公司奇迹般地成长起来的重要人物。他的话，我必须重视。如果有人对山内先生的话指指点点，说什么"现在还说这样的话"，那我一定会说出："任天堂能走到今天，本身就像一个奇迹啊。"

◆ 岩田先生的话，拾零之四

糸井先生传达给我的，

是我绝对想不到的创意，

是我绝对不具备的视角。

因此，他丢过来的球，

总是出乎我的预料……

然而，他投球的时候，

总是准确地投出对方可以接到的球，

还从来没有过接不到的情况。

而飞来的球是我从来没有接过的种类，

真是让人欣喜难耐。

山内先生在任天堂发挥的作用非常重要。

假如没有山内先生，

也许就没有任天堂这个公司。

比如说，任天堂 DS 为什么是双屏幕?

那是因为山内先生对双屏幕非常执着。

正是因为有了“做成双屏幕”这个愿望，

在他的强烈要求之下，

我和宫本先生在某种程度上通过反推的过程，反复思考：

“有没有能充分发挥双屏幕的点子呢？”

结果就想到了把其中一个屏幕

做成触屏的主意。

所以说，如果没有山内先生的热情，

任天堂 DS 就不会以那种形态诞生。

宫本先生创造了

一个反复玩仍然能享受到乐趣的系统，

这是他厉害的地方之一。

制作中的游戏软件，宫本先生只要稍微碰一下，

很快就能发现我们没注意到的漏洞。

这种事情发生过好几次。

他本人或许没有意识到，

哎呀，说来真是让人不甘心（笑）。

“船只即将出航”的时刻，

时常因为宫本先生要修改硬件模型而泡汤（笑）。

但最后，硬件得到了改善，

这种事情经常发生。

在游戏制作方面，

宫本先生教给我的东西着实很多。

与其说是他教给我，

不如说是我从他那里偷学来的。

从 HAL 研究所时代开始，我就一边看一边学。

可以这么说，我是从任天堂之外的视角

睁大眼睛观察：

“为什么宫本先生总能成功呢？”

而如今，因为不可思议的机缘，

我们能在同一家公司制作游戏，

这实在是非常有趣（笑）。

宫本先生的创意形式之中

特别有趣的一点在于，

“从功能开始设计”。

比如，他不是从故事情节的角度

让某个角色登场，

而是此处如果不出现一个角色就太无趣了，

由此从功能的角度开始构思创意。

这个特点，

与做工业设计的人很相似。

再比如，从前宫本先生

在制作《超级马力欧世界》时，

让马力欧骑着耀西，

这个创意也是从“功能”的角度出发的。

怎么回事呢？

因为超级任天堂这个机型，无法将二维像素

（在屏幕上显示图像的技术构造）

大量地横向排列。

那么，为什么要将耀西设计成那个样子呢？

因为将耀西和马力欧叠放在画面上时，

可以控制横向排列的像素数。

如果去看耀西的设计图就能明白，

那是纯粹出于功能考虑的设计。

因此，把耀西设计成恐龙的模样，

不是因为想让马力欧骑着恐龙，

而是因为功能上可行的形态，就是类似于恐龙的模样。

宫本先生在构思游戏的基础部分时，

将功能放在非常重要的位置。

因此，这里应该向玩家们传达什么，

必须表达得非常明确，

于是，他会清楚地给出指示，

“这里还不够”，“必须按照这个顺序显示”。

制作现场全情工作的研发人员，

起初可能会在某处感到困惑，

随后感觉渐渐变得迟钝，

而越接近研发的最终阶段，越是变得迷茫。

因此，让宫本先生中途进入团队，

去做所谓“掀桌子”的工作，

实际上是极为必要的。

宫本先生在做出批评的同时，

也会用心考虑不浪费素材，真的很了不起。

这一点始终让我非常感动。

一般而言，掀翻桌子重新来的人，

多数会毫不吝惜地把素材丢掉，

而宫本先生却说，“把素材丢掉太可惜了”，

并且将这种意识贯彻到底。

就算有些素材在这里无法使用，

也会好好记住，

并建议使用在别的地方。

他身上的这一点，

与“掀桌子”这个词给人的印象

非常不同。

如果对方举出了“办不到的理由”，

宫本先生就会反过来问他们，

怎么做才能办得到，

给他们压力，直到对方倾吐出来，

然后准备好这样做的条件。

“让对方无法动弹，

攻击无法躲开的关键之处。”他这么说道。

世上的人大都想象宫本先生

被许多著名的角色包围着，

并且能自由地运用它们制作游戏。

所以，实际要制作什么游戏时，

就把著名的角色往里一塞，

大家的注意力便立刻被召集过来。

但我们这些与宫本先生交往多年、很了解他的人，

当然知道不是这么回事。

马力欧起初只是个跳跳人，

从“马力欧”的名字尚未被人所知的时候起，

是宫本先生一手将它培养长大；

无论是森喜刚，

还是《塞尔达》中的林克，

或者皮克敏，都是由他这样培养起来的。

也就是说，并非先有角色

就能自动获得关注，

而是要专注去追求有趣的东西。

最终的成果，或许十分绚丽，

或许只是原原本本的朴实的样子。

所谓“宫本魔法”，

对于宫本先生而言，只是将理所应当的工作

认真尽责地完成而已。

我有一个“对天才的定义”。

我认为“天才”是，

“面对那些令人讨厌的事情，

或是令人感到疲惫、无法坚持下去的事情，

却依然持续不停地做下去的人”。

不停止思考，

无论如何坚持不懈地去努力，

肯定会疲惫，也不知道能否得到回报，

是非常辛苦的。

然而，对于能做到的人而言，这并不是苦差。

把它视作苦差的人，绝对战胜不了没有把它看作苦差的人。

所以说，这是一项才能。

自己并不认为辛苦，坚持做下去，

过程中发现了有价值的东西，

我认为这本身就非常幸福。

因为我是世界第一的

“宫本茂观察家”呀（笑）。

第五章

岩田先生
理想中的游戏

岩田さんの目指すゲーム。

我们理想中的游戏机

曾经，电子游戏机的普及让千家万户的电视机变成了“个人专属”。这个现象诞生的背景是游戏机的普及与家庭电视机台数的激增。实际上，家庭电视机数量增长的时期，与红白机和超级任天堂广泛传播的时期完全重合。

然而，以数字化为契机，大屏幕平板电视机问世，人们又一次回到了“一个客厅一台大电视机”的时代。

此时问世的 Wii，正是为连接大屏幕电视机而设计。在大屏幕电视机前，只需不大的空间，家人就可以一起活动身体，分享乐趣。虽然有些不好意思自夸，但这真是了不起的事情。

就游戏机而言，比起单机性能，更重要的是去考虑玩家使用的情景。

当然，玩家的类型多种多样，玩家会从他们各自的视角来审视我们的产品。开发者设计出一款游戏，在一个玩家的眼中与在另一个玩家的眼中，模样会很不同。

如果是汽车厂商，或许可以根据不同类型的客户需求，把商品系列拓展得很广。而任天堂开发游戏机并不能这么做。

所以归根结底，我们只能以“无论从哪个角度来看都富有魅力”为目标去设计。为了让产品从任何角度来看都足以获得认可，我们甚至会讨论：“万一玩家没有互联网怎么办？”如此进入一种不停反问自己的状态。尽可能地从各种角度进行探讨，弥补漏洞。

当今时代，我们的目标是让电子游戏机进一步融入日常。与其说“每天玩游戏”，不如说要让游戏机悄然融入大众日常生活的场景，这才是我们的理想。

过去，哪怕在游戏势头非常强劲的时代，依然有为数不少的人从来没有接触过游戏机，感觉游戏与自己毫无关系。今后我们希望能让这些人发觉，这台机器不仅不多余，甚至对自己有益。最终让他们在日常中接触游戏，不知不觉中理解电子游戏的乐趣所在。我真心希望这样的玩家能够越来越多。

电子游戏机的原义是“把电视机变为游戏设备”。而我认为游戏设备的定义今后应该会变得越来越广。

想必很多人回家后会习惯性地打开电视机。即便没有特别想看的节目，也会如此。究其缘由，因为用手边的遥控器把电视机打开，总会有点儿声响，比什么都不做更令人快乐。正因如此，电视机才会在世间普及。

同样的道理，让游戏机变成日常中不自觉就会打开电源的存在，这是我们的最高目标。这样表述或许不恰当，但只要人们愿意开启游戏机，剩下的就是我们的拿手好戏了。可是让人按下游戏机的启动键，并不是那么容易的事情。

如果客人不走进店里，无论多么优秀的商品也卖不出去。同样，如果玩家不打开游戏机，无论多棒的游戏也无法体验。世上有很多游戏，只要玩过一次就会知道乐趣所在，可惜它们的存在还没有广为人知，这样的作品数不胜数。大多数人基本上是被动的，主动去寻找游戏的玩家很少。我们必须向大众传达游戏的有趣之处才行。

这样表述或许太露骨了，但回顾电子游戏的历史，曾经有一批玩家，只有在当年《勇者斗恶龙》与新《马力欧》推出的时候才把压箱底的游戏机取出来连上电视机。那时我们至少做到了让人们把游戏机连上电视机。接下来的一步，就是让游戏机变成一款人们每天都会打开电源的设备。我就是这样想的。

首先搭建“玩”的构造

我认为，以电子游戏为代表的互动式娱乐的强大之处在于，即便过了十年甚至十五年，玩过的游戏仍然会留在记忆之中。小说、电影虽然也会让人感动，但经常只记得当时确实感动过，连剧情梗概都说不出来了。然而，游戏是亲身操作、具有参与性的娱乐形式，触动人的方式非常独特，这是游戏的强大之处。

从这个角度而言，玩游戏时能够互动地参与，就算是一款前所未有的游戏，玩起来也不会有障碍。涉及的类型、主题一定要找到前所未有的突破口，否则对游戏感兴趣的人的绝对数字不会增长。因此，制作任天堂 DS 时，我们提出以“游戏人口的扩大”为目标，积极地把以前游戏从未涉及过的主题纳入进来。

我们制作的产品要做到，让全世界的人仅在这一部作品里就能获得满足感。但这十分困难，因为玩家们的经历实在过于丰富。而玩家们拥有的经历越丰富，“想玩到这样的东西”的愿望就越强烈。如果我们被这些愿望追着跑，永远也创造不出理想的游戏机。

正因如此，我们做硬件时首先从搭建“玩”的构造开始，让各种类型的玩家以自己的形式在玩的过程中去补足、去分享。让硬件从一开始就具备可以激发出各种各样游戏方式的“结构优秀的内核”，之后它的发展动力会迅速增强。从这个意义而言，在一开始就要做出确实无误的判断，“因为具备了这样优秀的基础，后面才会顺利发展”，我认为这是平台设计中极为重要的一点。

因此，我们做的游戏机不仅要具备强大的性能，还要能通过不同的游戏方式拓展它的可能性，这是必然的，对此我抱有自信。另一方面，我们不仅希望自己的产品拥有宏大的概念，也期待听到“这次新推出的那款游戏很厉害哦！”这样来自玩家的跃跃欲试的声音。至今我们仍怀着这个理念制作新产品。

从谬论开始的讨论不是白费力气

研发 Wii 的过程中，我始终在思考“怎么做才能让游戏在家庭中不被敌视”。思考后脑海中浮现出一个设想，听上去似乎是胡言乱语。既然父母规定“一天只能玩一小时游戏”，那就去设计一个机制，在游戏开始一小时之后切断电源。

不过嘛，这种想法对于游戏公司的社长可是要不得的（笑）。

当然数据会全部保存。即便如此，也称得上是很乱来的设计，不过我可是……认真的（笑）。我当然明白这超出常理，但是如果不极端地思考，不彻底地争论，就做不出新的成果。至少秉着这种意识进行对话是有价值的。

正如我所料，公司内的争论果然非常激烈。

有人发表意见说不能接受这种做法，也有人说如果不这么极端就不能消除母亲们的敌视。对于技术上是否可能，社内也进行了一番争论。一小时过后将全部数据自动保存的设计是否可能？第二天重新开机的时候会变成什么样子？我们针对全部问题进行了彻底的探讨。

最终，在充分讨论了这项机制会遇到多少困难的基础上，我们认识到，比起强制切断电源，还有更好的方法去实现目标。于是这个设计就没有成形。

结果，从这场争论中诞生了另一项功能：玩家可以在“游戏履历”中查看累计投入时间。为了遵守“一天只能玩一小时游戏”的约定，比起强制切断电源，不如让父母和孩子进行沟通，用“游戏履历”促进孩子遵守约定，这才是更有魅力的设计。

这些想法虽然始于我不讲道理的谬论，但是由此而生发出的交流与讨论并不是白费力气。不过，也因此给一些人添了麻烦。

切断电源的设计虽然没有实现，但我们实现了在夜间让风扇停转。Wii 的目标是做一台二十四小时连接电源的“不眠机器”，这一点无论如何不能妥协。如果夜间游戏机的风扇还在转动，母亲们可能会以为孩子“又不关机！”，而把电源线拔掉也说不定呢。

正因为站在既有的延长线上，才更可怕

任天堂 DS 发售后迅速被广泛接受，在欧美国家也获得极大反响，一度形成社会现象。但我从来没有做过如此乐观的设想，也不会因此而庆祝。Wii 推出的时候也一样。

我们推出的新产品与市场上现有的东西完全不同，对于世人会如何评价它的价值，我感到不安。但是正因如此，反而更激发了我的斗志，决心要把它的价值传达给世人。

我们想要做的事情，如果不在既有的延长线上，当然不能保证一定成功。就算看开一些，做“最低限度”、“最差情况”的准备，也会有不容易的地方。弄不好可能会造成大失败。

刚开始研发的时候，处处皆是不安。技术层面上一些具体目标还不清晰，对于整体方针也没有彻底理解。说到底，走与众不同的道路，原本就是一件令人恐惧的事情。“大家一起前进就不可怕”成了现代社会中普遍的信条，但是我们必须做一些与其他人不同的事。虽然“做与其他人不一样的东西能得到赞赏”已经成了任天堂的企业文化，但如果要去做的是类型独特、规模庞大的新项目，并且要与他人逆向而行，那么，恐惧感会尤其强烈。

但是就我自身而言，站在既有的延长线上，反而比其他任何事情都更可怕。

什么时间点应该做出改变，或许谁也不知道。为任天堂寻找新方向的时候，能否在未来得到理解，在一年之后、两年之后，还是三年之后，甚至是五年之后，我也并不清楚。

但是，站在既有的延长线上，是没有未来的。

保持现状继续前进，渐渐只凭力气作战，跟随我们的玩家会越来越少。因此，必须要调整方向尝试新的道路，至少这一点是非常明确的。

然而，掌舵时调整多少尺度，才能刚好让人们轻松地理解并产生共鸣，这并不清楚。但是走在一条笔直的延长线上，没有未来。在一条没有未来的道路上，慢慢地走向终点，这不是值得我们努力的方向，对此我已经下定决心。

让玩游戏的人增多，就一定会有未来。对此我坚信不疑。

就算时光倒流，仍然会做同样的选择

任天堂制作游戏手柄的秘诀是，将手柄硬件样品与需要用到该手柄的软件测试版本尽早关联起来运行。

也就是说，硬件团队提供了手柄的新方案，软件团队立即投入游戏的创作，并将试玩情况反馈给硬件制作部门。

不断积累，相互反馈，产品就诞生了。

Wii 的手柄可以单手操控，回想起来，这一设计正是如此诞生的。它并不是从“某一个人的绝佳创意”而来，而是许多人将各种各样的想法融合在一起，历经了令人难以想象的过程，最终呈现出这个形态。

Wii 的开发过程中使用的模型、试验品、测试软件，多到可以装满几大箱，但这些都不是徒劳。将模型等迅速投入测试，才命运般地萌生出几项技术，一口气解决了许多难题。

像 Wii 这样的产品，开发之初很难预见它完成时的形态。但可以确信的是，延续现状是找不到答案的。明确了这个方针，我们的前进方向也就变得清晰起来。

同时，我们被赋予的时间是有限的，必须一如既往地推出新商品，不能拖延。在准备新机型的同时，我们还推出了新的便携式游戏机。回顾这些过往的历程，虽然细节上仍有可以修正之处，但完成后的 Wii 没有令人感叹“当时这么做就好了”的地方，不可思议般地无可指摘。

这足以让我昂首挺胸地说：“就算时光倒流，仍然会做同样的选择。”

两人共同创作的《任天堂明星大乱斗》

《任天堂明星大乱斗》系列开始于1999年发售的任天堂64游戏《任天堂明星大乱斗》。这款游戏是我和樱井（政博）两个人共同创作开发的。

在最初阶段，这款游戏还没有决定要使用任天堂的角色。策划与系统，设计、建模、动作，全部由樱井一手包办，我一个人负责编程，此外还有一个人负责音响，从某种意义上而言是一部终极手工作品。

当时，我在HAL研究所参与了许多软件的制作，处于探索自己真正想做、值得输出的东西的时期。此时樱井有个有意思的设想，我认为最好尽快把它做出来，就敦促樱井说：“我负责编程，你来写策划。”

虽然这么说，但当时我们两个人手上都有别的工作，要挤出时间不是那么容易的事情。工作日我没有时间，就用周六周日的时间编程。樱井拿来系统和数据，我组合之后问他“这样如何？”，像抛接球一样彼此反馈，是非常有趣的经验。

可以说，编程工作从一开始就很有挑战性。但我当时没有想到它会发展成这样一部大规模的游戏。

《任天堂明星大乱斗》系列的角色不断增加，游戏模式也越来越多样，单是一部游戏的内容就如此充实，达到了惊人的程度。一般而言，我不推崇让所有游戏都一味朝着内容增量的方向发展，但《任天堂明星大乱斗》是个例外。大量内容的加入对这款游戏是有意义的，它可以说是一个“万能容器”，内容庞大是OK的。

《瓦力欧》的秘诀，是挑战任天堂做不到的事情

《瓦力欧制造》能成为长久不衰的系列，策划之初没人

能预料得到。它在多重意义上都是意料之外的产物。而另一方面，我认为《瓦力欧制造》系列体现了现在任天堂的路线，那就是“寻找新玩家”。这个路线形成的契机正是这款游戏。

也就是说，《瓦力欧制造》帮我们打开了一扇新的大门。它涉及的内容宽广，游戏方式非常自由，既可以短时间集中去玩，也可以长时间沉浸其中。游戏方式的多样性、宽广性，与现在任天堂的发展目标非常一致。

我记得很清楚，开发《瓦力欧制造》的时候，我们常把“去挑战任天堂还做不到的事情”挂在嘴边。有趣的是，绞尽脑汁思考如何将第一部《瓦力欧》推向市场的，正是宫本茂先生。

“去挑战任天堂还做不到的事情”，说得极端一点，就等于“去挑战不像宫本先生会去做的事情”。这种自我颠覆的精神，宫本先生实践起来比任何人都更卖力，这着实有趣。追求与宫本先生不同的，不是别人，正是他自己。

在这个游戏的研发过程中，有件事我一直难以忘怀。

《瓦力欧制造》的测试版中有一个“唱片机”的设计。

简单解释它的玩法，就是把 GBA 放在转椅上，让转椅旋转起来。然后，游戏中的唱片机就会同时旋转（笑）。游戏中音乐的播放速度会随着椅子的旋转速度而改变（笑）。

我呀……那时候……不停地旋转椅子，停不下来（笑）。有时一边说着“真无聊”一边继续旋转，实际非常开心。“真无聊”可以说是最高级别的表扬（笑）。

轻度玩家与核心玩家

将 Wii 的手柄正式定名为“遥控器手柄”，是我强烈坚持的。在这一点上我非常固执。

毕竟，家里电视机的遥控器，一般都是放在伸手就能够到的位置，人们会很自然地用手去操作。我希望游戏手柄能够享受同样待遇，而且它的最终形态很接近遥控器了，所以我坚信称它为遥控器是理所当然的。

“为什么大家都会拿起电视机遥控器，却不去碰游戏的手柄呢？”这是 Wii 开发过程中的一条重要指导理念。因此我坚持道：“一定要叫遥控器。”

如今，谁也不会对十字键和 AB 操作键感到奇怪。但是二十多年前，很多人看到这个设计会问：“这能用来玩游戏吗？”因此，只要我们把该做的事扎实地做好，就算当下看起来很奇怪，未来它自然会变成人们眼中的新基准。

迄今为止的游戏，多数都处于所谓游戏定义的框架之下，但这个既有的框架可以说是开发者自己定义的，认为“不这样设计就不像游戏”。

但我们认为，不应该受到旧框架的束缚，应当拓宽思维，于是开发了“锻炼脑力的游戏”、“与爱犬同居的游戏”、“英语学习游戏”、“料理游戏”。

或许有人会质疑，这些作品是否能被称为游戏，因为人们在这些游戏中既得不到分数，也不能通关，但这些游戏可以使人们在实际生活中获得奖励。

像这样，任天堂虽然希望吸引不玩游戏的人群，但并不是无视现有的玩家，而是希望获得非玩家群体的理解，从而改变游戏在社会中的位置。

不应该总是玩游戏，对大脑不好——这种没有根据的说法赋予游戏负面的印象，并在社会中定型。这样一来，就算是喜欢游戏的人，在玩的时候也会有罪恶感。

让不玩游戏的人接触游戏，理解游戏的有趣之处，可以带来巨大的改变。玩游戏的人不再是社会中的少数群体，就为创作“像游戏的游戏”创造了有利的环境。

实际上，任天堂虽然一方面将目光投向了不玩游戏的群体，但在制作“像游戏的游戏”方面也没有停止脚步，而是凝聚数年心血推出了《塞尔达传说》。其中当然是充满热情的。

任天堂 DS 的畅销，证明了“不用投入大量时间与精力也能做出好作品”的思维方式有其价值所在。但另一方面，看到《塞尔达传说》的质量与容量，人们会感叹“果然集中优秀的人才，花费足够的时间制作的作品，了不起！”这也非常重要。

两个方向同时去做，对于二者而言是很有益的。我认为创作需要广度，只朝一个方向发展是不健全的。

轻度玩家与核心玩家，原本就不应区别对待。我们每个人最初都是轻度玩家。

很多人起初是轻度玩家，但越来越喜欢，然后变得根本停不下来。那么，为什么说得像是两者之间存在着与生俱来的区别一样呢？忽视了经验的差异，只截取现在这一时间点进行对比，才会将两者区别对待。

但事实并非如此。非常喜欢游戏，游戏玩得非常好的人，曾经也都是轻度玩家。

想到这一点，就会认识到吸引新玩家的重要性。如果不吸引新的玩家，总有一天我们会失去所有用户。

◆ 岩田先生的话，拾零之五

游戏中会出现一些没有意义的石头。

被问到“为什么放在那里？”的时候，

只能回答“没多想过”。

但“没多想过”这种回答是不合格的。

制作游戏的时候，

最初阶段总是会贪心。

但是，一味地贪心，

只想着往里放更多的功能可不行。

“真正必要的东西是什么？”

把这一点追求到极致，

由此，可能性会自然地扩展开来。

也就是说，比起贪心地这也要那也要，

要懂得“做减法才是创造”。

在我们的平台，

非常看重的一点是，

具有“能够保证流畅动作的硬件与软件的组合”，

并且“可以用同样的方式操作”，

由此，“无论老幼，任何玩家都不用说明书就能上手”。

一款游戏机硬件推出之后，

价格渐渐下降，五年后被淘汰，

更新换代的周期循环就像这样不会改变。

而我认为，没必要执着于这种销售方式。

以下是我的个人感受：

这种过了一段时间价格便下降的模式，

就像是厂商告诉玩家，“等待一段时间再买会更实惠”。

这是不是有问题呢，

我一直对此抱有疑问。

当然，不是说任何情况下都否定打折，

但如果要打折，难道不应该给第一拨支持我们的人才对吗？

我始终认为，

不能让玩家感觉到“先支持反而亏了”。

设计游戏系统时最重要的东西，

不是寻找“不足之处”，

而是要明确“可以舍弃之处”，“必须要决断之处”。

对此我深有体会。

有趣的是，

制作新产品的时候，

使用各种技术要素的机会，会接连而来。

但是果然，大多数情况下，

我们会想着“现在还不是时候”，

因此而错失机会。

我不知道这个比方是否合适，

但制作硬件产品时，就像坐在回转寿司店里，

各种技术要素一个接一个掠过眼前，

而我们聚精会神地盯着看。

在这些转动的要素中，

有时会决定“就是它！”然后伸手取出。

这是制作硬件时特有的感受。

在娱乐行业，

如果无法用一句话概括

我们的商品与别人的有什么不同，

人们就会失去兴趣。

“制约是创造力之母。”

不一定要做像百科全书一样的游戏，

只要找到了创意的切入点，

像杂志和漫画一样的游戏也不错。

说到底，游戏的构造是这样的：

“如果采用了这边的办法，另一边也就无法实现”，

“正因为两边之间有着这样的联系，

以此形成游戏的策略，才如此有趣”。

这是游戏的根本所在。

而现在的游戏中，

这种趣味的主轴并不只有一个，

而是复杂地相互交错。

因此，“不会让人简单地看穿”。

“添一笔，添一笔，再添一笔”，

就这样形成了层层叠加的构造。

《塞尔达》的特色，

很难用语言表达，

但它的精髓不由地为众人所共享，

这是非常不可思议的价值观。

至少可以这样说，

《塞尔达》并不是全然诞生于一个人脑海中的东西，

而是许多人苦思冥想，将创意聚集碰撞后的产物，

每个人以自己的方式去通关《塞尔达》，

又会在新的刺激之下诞生新的创意。

那些创造出《塞尔达》的这种特色的人，

心中往往也深受其影响。

《塞尔达》的特点到底是什么，这很难讲清楚，

但开发团队的全体成员始终铭记着，

《塞尔达》的特点，

大概就是《塞尔达》之所以成为《塞尔达》的理由。

对于市面上的网络游戏，

我是这么看的：

无论怎么讲，那基本上是属于强者的地方，

一个人的幸福要建立在成百上千人的不幸之上。

当然，我不是要彻底否定这样的构造，

但是只要这种要素存在，无论如何，

我认为它的流行会有一定的限度。

就算它看上去再有趣，

也会有许多人在门前踌躇要不要迈进去。

因此，除这种形式之外，

怎样能做出让父母安心允许孩子去玩的网络游戏？

怎样创造出没有欺凌弱小的世界？

我们始终在探讨这些议题。

人从自己所做的事情中得到反馈，

由此产生新的动力。

反之，没有反馈就无法持续下去。

人都是从反馈中获得鼓励而向前迈进的。

电子游戏的世界反过来利用了这一点，

对人们的行动一一做出反馈，

这就是游戏的基础。

人们在玩游戏的过程中，

收获正面反馈与负面反馈，

而如何让二者交互进行，

让人们体会到有趣、惊讶之感，

做游戏时我们始终在思考这一点。

真正有趣的游戏，

就算不亲自去玩而仅在一旁观看都是有趣的。

第六章

谈谈岩田先生

岩田さんを語る。

宫本茂谈岩田先生

“我们不是上司与下属的关系，是朋友”

宫本茂（Miyamoto Shigeru）

1952 年出生。任天堂代表董事，游戏创作者。参与制作了《超级马力欧兄弟》、《塞尔达传说》等游戏史上的名作。

我们擅长的领域不同

第一次见到岩田先生是1988年制作《FC大奖赛Ⅱ 3D热拉力赛》的时候。当时岩田先生是HAL研究所开发部的负责人，我知道在那之前他就参与过任天堂《高尔夫》和《气球大战》的制作，是个非常优秀的程序员，但还没有和他直接见过面。

那时，他问我能不能来看看HAL研究所正在制作的赛车游戏。当时HAL研究所的技术实力很强，游戏中的赛车跑道有着大胆的起伏，在此前的同类作品中不曾见过。但这部游戏整体还缺少一点魅力（笑），令人感觉可惜，于是他们将我召进团队。我把主人公换成马力欧，设定改成赛车拉力大奖赛。那个时候，作为各自公司研发部门的代表，我和岩田先生交流着“做一款这样的游戏吧”，探索关于开发的方向性问题，那就是我们两人最初共同参与的项目。

当时的岩田先生作为程序开发者，技术实力声名远扬。另一方面，我技术能力不足，属于靠创意扳回一城的类型（笑）。

人憧憬的对象总是那些具备自己所没有的能力的人，因此与岩田先生一起工作，对我而言是很刺激的经历。或许在岩田先生眼里，我做事的方法也很有意思。因为彼此擅长的领域不同，自己所缺乏的正是对方的长项，所以会让人感到十分安心。相反，如果擅长的领域很相近，就容易对立，形成双方互不相让的局面。和岩田先生一起工作不用担心这一点。

以《3D热拉力赛》为例，如果它只是一部3D视角的赛车游戏就显得太普通了。让马力欧成为拉力大奖赛的主角，拿出这个提案是我的任务；而岩田先生在充分考量公司内程序员的特点和个性的基础上，判断组建什么样的团队，如何进行开发工作。

我们虽然都是游戏制作人，但负责的领域不同。因此如果开发途中遇到困难，就由岩田先生在技术层面进行重新审视，我则负责提供解决问题的创意。虽然方法不同，但目标一致。如今想来这种分工构造，在岩田先生担任任天堂社长之初就形成了。

岩田先生最了不起的地方在于，能力突出却为人谦逊。

他本来就具有实力，再加上热心于学习，能力越来越强，却始终保持谦虚的态度，支持着周围的人，提携大家共同成长。项目出现问题，他作为新成员中途加入的时候，既能做到照顾各方面的情绪，又能充分配置人员，让所有人参与到项目中，这一点相当了不起。

给新事物取名字

岩田先生就任任天堂社长之后，希望着手去做的事情很多，其中一个就是组建新的制度和框架，以及给这些新事物取名字。

例如，制作新硬件的时候，岩田先生组建了一个跨部门的制作团队，将团队命名为“圆桌”。有了这个名字，各部门的人就能聚在一起商讨，这个名字也得到了大家的肯定。虽然没有明确的组织关系，但建立起了交流的平台，就算人事部的人加入也没关系，团队的名字就传达了这一层含义。起好名字，大家自然就理解了各自的分工。

原本这是糸井重里先生擅长的手法，岩田先生很尊敬他，大概是将他的方法拿来灵活运用了。我认为这个方法很好，现在也会给各种小型会议、例会起名字。拥有一个好名字，会议和组织就能自动顺利运转。

需要做出决定、启动新项目的时候，岩田先生并不是一个人独揽所有判断，而是组建团队或框架，并赋予它客观性的名字，使其支撑起组织内部的决策机制。这是他很擅长的方式。

命名的效力不仅适用于组建团队，给商品取名字的时候，岩田先生也会再三考量。例如推出 Wii 的时候，他给手柄取名“Wii 遥控器手柄”，这个命名意味深长。他着眼于从未接触过游戏机的人，坚持认为应该用“遥控器手柄”作为正式名称。同样，为了让新玩家一目了然，在游戏软件《Wii 运动》、《Wii 健身》的名字中加入了“Wii”前缀，这也是岩田先生的提案。另一方面，3DS 则不采用同样的命名方式，等等。

他起名字时，不是一味按照已有的原则决定，而是一个一个去推敲名字应该怎么取。

岩田先生具备非凡的归纳整理能力，判断准确而迅速。取名字时，他始终注意，比起名称本身是否好听，更重要的是是否简单易懂，便于人们理解。

岩田先生还具有超群的阅读能力，能够迅速阅读别人编写的程序。他的编程能力之强不用赘述，同时他还擅长阅读理解他人的程序，并迅速加以修正。或许因为具备出色的推理能力，他对于如何编写程序能得出想要的结果熟稔于心。与其说这是因为他热衷于学习，不如说是源于对编程本身的热爱。

此外他敲击键盘的速度惊人。我曾经试着模仿，当然完全做不到（笑）。

和而不同

我很少得到别人的褒奖，但可以算是承蒙着岩田先生的夸赞成长起来的（笑）。他常常自称“宫本观察家”，真是名副其实，有时我把自己说过的话都忘得一干二净，岩田先生却记得清清楚楚。“一个创意要能够一口气解决多个问题”，这句话是我说的，但把它传播开来的是岩田先生。

比如，他发觉我好像对“从哪里开始构想、从哪里着手制作”一类的问题非常感兴趣，于是，时常与我聊这个话题。他不是直接提问，而是默默地来打探。并且津津于此（笑）。我不禁感叹：在其他方面，他已经是个能力很强的人了，就不用在这个问题上也那么努力钻研了吧？

话虽如此，岩田先生身为游戏开发者的实力也毋庸置疑。比如《脑锻炼》系列，正是岩田先生从零开始一步步积累起来的。那个时期以一批 DS 游戏为代表的“从主题入手”的策划方式，可以说是岩田先生独自开拓的。

我做游戏时会首先考虑人们的生理和心理需求，比如“这样设计会给人什么感受”，“怎样能让玩家觉得有趣”；而岩田先生会从更加具体的主题入手。“锻炼大脑”，“大脑衰退会令人感到不安”，“为了脑力不衰退，人们一定想要锻炼”，他常常将此类想法与人的动机联系在一起，从主题出发创作游戏。不是茫然地去寻找创意，而是思考如何回归最初的主题。制作新的游戏机硬件时也是同样的道理。

虽然我和岩田先生的思考、创作方式都不一样，但从未出现两人对立、产生争论的情况。哪怕意见不同，能彼此交换视角和掌握的信息也是一种良性刺激。

如果问我们在哪个方面的差异最明显，应该说是对不同场合的着装要求的意识吧（笑）。岩田先生在这方面的标准非常严格，就算是没有特殊要求的场合，也会设定一个自我标准并严格遵守，且不让对方感到失礼。而我在这一点上是“差不多就可以了”的感觉（笑）。当然，岩田先生作为公司的领导者，从立场而言确实有严肃着装的需要。而这种严格或宽松的执行尺度，确实能体现出人的性格差异。

联手合作的《宝可梦随乐拍》

我与岩田先生共同制作游戏的机会不多，合作最深入的大概是任天堂64的《宝可梦随乐拍》。

这部游戏的创意诞生于一个名为《杰克的豆茎计划》的项目，旨在为任天堂之外的游戏创作者提供帮助。创作者们提出，想开发一部以拍摄照片为主题的游戏，但执行起来困难重重，看不到方向。

我认为应该先确定拍照的方式，岩田先生则指出："将拍照作为游戏主题的创意不错，问题在于拍摄的对象。"过了一段时间，他说："宫本先生，拍摄对象或许非宝可梦莫属。"这是个好主意，我也表示赞同。就这样，我们为游戏定下了方向。所以说，岩田先生提出了"玩家想要拍的对象是宝可梦"这个创意，而我负责寻找有趣的拍摄方式，设计系统构造。那是我们合作相当密切的一部作品。

除了此类研发现场的直接对话，一直以来我们还共同负责培养、扩大项目本身。每当有人给我们拿来正在开发的新作，对于作品是否具有优秀的核心，我们的意见相当一致。比如，当一部作品完成度不错时，我们都明白，不会出现大的失败，但对于这样一部无功无过的作品是否值得投入心血去制作，我和岩田先生持有相似的疑问。这样的时候，身旁有一个与自己意见一致的人可以解决很多麻烦。

有关游戏的重要判断，我和岩田先生多数时候持一致意见，但意外的是我们的判断标准非常不同。有时我完全没有注意作品的背景设定，而岩田先生则会声情并茂地给我讲解，让人感到很有趣。

因此，在对事物做出判断时，不单以自己所掌握的信息为基准，同时也以令人信赖的伙伴的基准做参照，在这一点上，我非常感激岩田先生的存在。

读书、开会与服务精神

岩田先生担任任天堂社长后，与 HAL 研究所时代相比，最大的一个变化是会去阅读经营管理类的书籍。尽管时间有限，他依然博览群书，发现好书还会推荐给大家。我不是经常读书的人，但岩田先生强烈推荐的书，我也会去读一读。

岩田先生读书，不是在书本中寻找线索，而是将平时思考的内容在书中进行理论印证，把书本作为向人们传达他的想法时的一项有用工具。任天堂在做什么，公司处于什么状况，他时刻思考着这些问题，如果想法在书中得到印证，就能进一步获得确信。他还将自己读的书推荐给员工，这样既向大家说明了自己的想法，又在公司内统一了意志。他就是这样让书籍在工作中发挥作用的。同一本书他会购买好几册发给周围的人，还曾经向全体员工推荐阅读书目。

岩田先生推荐的书籍中，有一本令我印象深刻的行为经济学领域的著作。在岩田先生介绍之前，我从来没听说过这个领域；读过之后才知道，“原来如此，这正是我们在做的事情”，非常能够认同。正如岩田先生一样，我也被这些理论吸引了，迅速阅读了许多相关书籍，加深了理解。每当我见到他，他就会说“任天堂在做的是这样的事情”，“宫本先生的思维方式与这个理论很相近”，总能用浅显易懂的语言来向我解释。他对这个领域的研究之深简直达到能自己写书的程度了（笑）。

除了读书，身为社长的岩田先生也很重视开会。岩田先生很早就在公司内贯彻了“会议统筹”这一角色的重要性。

所谓“会议统筹”，就是让会议良性运转的人。如果会议中缺少创意，就负责添加创意；如果创意太多，导致过于发散，就负责归纳总结。简言之，就是会议的指挥。无论什么会议，都必须有一个决心“要在会议上得出答案”的统筹者。岩田先生认为这非常重要，也在公司内反复说明这一点。有时他会直接点名：“你来做会议的统筹。”有趣的是，被点名的人会自然形成相应的意识。

就这样，岩田先生的工作方式得以贯彻渗透，今天仍然在公司中被广泛运用。自己引入的工作方式能在公司中发挥效用，岩田先生对此感到非常开心。与其说这是社长的职责，不如说这更近乎一种服务精神。“采用您的建议后，工作变得顺利了”，是他最喜欢听到的一句话。

“可视化”与全员面谈

身为社长，岩田先生会积极地将自己和公司领导层的思考、决策内容传达给员工。我们时常听到“可视化”这个关键词，任天堂的管理正可谓朝着可视化的方向推进。

这不仅仅意味着传阅会议记录，公开重要会议内容，还包括策划员工感兴趣的活动，从公司外邀请与我们有共识的嘉宾进行对谈，让分享各类讯息变成一项令每个人愉悦的事，可以说是下了很多功夫。

比如说，有一次董事会开会时，他把会议室一角的桌椅挪开，放置了一台大电视机，让平时不玩游戏的工厂厂长体验最新推出的运动游戏。厂长立即感受到了游戏的乐趣所在，大汗淋漓地说：“可要抓紧生产才行。”岩田先生总是这样，花费心思去搭建能够分享乐趣的机制。

出于同样的道理，岩田先生非常看重与员工一对一的面谈。

面谈是他从 HAL 研究所时代就开始实施的传统，在岩田先生心中的重要程度很高。就任任天堂社长之初，他与全体策划开发部成员进行了一对一的面谈，估计人数达到两百人以上。

但他并没有把与员工面谈定为一项公司章程，而只是作为个人的管理方针去实施。与上述的其他做法一样，说到底，岩田先生是“出于真心喜欢才做这些事”，因此也能够获得大家的认同，并没有强硬推行的感觉。通过这些做法让员工形成主动思考的习惯，是岩田先生的目标。

要问岩田先生有没有发过火？（笑）从来没有，至少从来没有大声动过怒。当然，语气严厉曾经有过。

例如，某个环节出现了问题，让客户等待了很久，那么，比起发生问题本身，他更严肃看待“有没有对客户进行合理的说明”。

在这一点上我与岩田先生一样，对于丝毫没有解决本质问题，就自顾自宣称“工作在顺利推进”的人感到气愤。就算公司内或自己所知范围内的工作在顺利推进，但对于当事人而言，问题还是没有得到解决，再得到这样的回应反而会令人感到不安。“在公司内部和外部进行调整之前，我们无法做出回应。”曾有人用这样的回答让客户等待。岩田先生因此动过怒，换作我也会生气（笑）。

素面待人的岩田先生

与岩田先生交流时，无论我们的意见怎样不一致，都没有见他露出过愤然不平的神色，只不过有时他会变得沉默。上一刻还聊得很愉快，下一刻忽然变得沉默。见他沉默不语，就明白大概是出现意见分歧了。

但这种时候，岩田先生不会去争论，而是会去思考。他会花时间慢慢思考，将意见分歧作为思考的主题。过了一段时间，他忽然提起“上次那个问题是这样”，我才恍然发觉“原来他一直在思考啊”（笑）。

这也是岩田先生的有趣之处。

因此可以说，他时刻在摄入，贪心于获取新知。除了阅读之外，午饭也是他的摄入时间（笑）。与岩田先生一起吃午饭，他总是津津有味地听我讲遇到的种种难题和发现。下个星期午饭时再碰到他，他又会说“上次聊的那个问题，我弄明白了”（笑）。

岩田先生的个性，从我认识他之初就没有改变过。真的，丝毫没有改变过。

刚开始时，岩田先生从HAL研究所所在的山梨县来到京都，我们一起工作到深夜时分，两人会一起去吃拉面。按照任天堂的惯例是不会请客招待的，无论去多少次，我们都是各付各的。后来，我们俩分别成为社长和专务，但依然各自付账（笑）。二十年间，始终各付各的账单（笑）。这种关系，还有这种生活方式，始终未曾改变。到了夜里像笨蛋一样，夜深人静去吃拉面。但是非常快乐。只是花在晚餐上的金额变大了（笑）。

所以说我们是朋友，并不像上司与下属的关系。我们之间从来没有发过火、吵过架。无论年龄还是入社先后顺序，他说起来都是我的后辈，却先成了社长。按照一般公司的感觉，彼此难免会有尴尬的地方，但在我们之间毫不存在。与岩田先生这样的人并肩工作，会发现“看吧，他更适合做社长”，就顺理成章地如此分工了。这真是个正确的决定。

不知不觉中，我们确实变成了朋友。

此外还有什么呢？对了，在家里，岩田先生一定是个受尊敬的父亲吧。岩田夫人也亲切而富有魅力。因为运动的时间有限，岩田先生就在社长办公室放了一台跑步机，还经常玩《Wii 健身》。点点滴滴细数起来，真是不少回忆。

岩田先生与我还有一点不同，他十分注重有效利用新干线和飞机上的时间。而我很懒惰，路上只会倒头就睡（笑）。我们去欧洲的时候，晚上从羽田机场出发，一觉醒来抵达巴黎。“一大清早就能立即开始工作了”，他这么说着，看上去很开心。

另外就是，你们知道吗？在公司里，岩田先生的绰号是“卡比”。如果会议时间很长，他就会不停地吃零食，因此得到了“卡比”的爱称。开会时岩田先生面前总是堆满了零食（笑）。

还有一个有趣的地方，岩田先生不喜欢腌菜，其实这点和我一样。不过我的喜好大概身边很少有人知道（笑）。糸井先生到京都来的时候，我们会邀请他去一家餐厅吃饭，唯独那家店的淡口腌菜我和岩田先生都觉得很美味。虽然不是特意聊起这个话题，但过了很久我偶然提及“只有那家店的腌菜好吃”，他立刻回应，“我同意，我同意”（笑）。

岩田先生已经不在了，但公司仍然在正常运转。因为他留下的话语、组建的制度，年轻人工作起来兴致勃勃。唯一的困扰是，我在周末想到的那些无足轻重的点子，周一没有人倾听了。

再也不能与他一边吃午饭一边聊忽然想起的问题，这让我感到困扰，或者说是寂寞吧。

糸井重里谈岩田先生

“一个以让大家快乐为目标的人”

糸井重里（Itoi Shigesato）

1948 年出生。广告文案撰稿人，HOBO 日刊 ITOI 新闻主编。游戏创作者、词作家，活跃于多个领域。因开发《地球冒险 2》与岩田先生相识，从此成为知己。

见面次数越多就越发信赖的人

初次见到岩田先生是开发《地球冒险 2》的时候。那之前我从来没见过他，既没有打过招呼，也没有简单聊过天。任天堂前社长山内溥先生曾经问我："见过岩田先生没有？一定要见见他。"他反复提及，可惜我一直没有机会。后来听岩田先生说，那段时间山内先生也曾多次对他说，"一定要见见糸井先生"（笑）。

结果，制作《地球冒险 2》的过程中，我们遇到了困难，团队陷入困境时，请来了岩田先生。记得是在东京，我们聚在制作《地球冒险 2》的子公司 APE，向岩田先生说明《地球冒险 2》这款游戏的开发状况。我们探讨着他能以何种形式参与进来，并将情况和盘托出。

那时岩田先生说的一番话，后来成为流传很广的名言。

"运用现有的东西进行修正，这个方法要花两年时间。而从零开始做起，只花半年时间。"

当然，制作团队选择了从零开始。结果，包括最终调整在内，一年后《地球冒险 2》顺利问世。如果了解当时制作一线的困难程度，就能明白这个成绩多么令人难以置信。结果令人欣喜。

我对岩田先生的第一印象，怎么说呢，感觉非常合拍。虽然是第一次见面，但他的话语让人觉得值得信赖。岩田先生曾回忆说："第一次见面时我也相当紧张。"但我一点也没看出来。"在已有基础上修改，还是从头做起？"这句话单从字面上看会让人觉得不够谦逊，但岩田先生完全没有居高临下的姿态，而是传递出十分看重对方自由选择的权利的感觉。怎么说呢，原本是我们请他来帮忙，但在技术问题之外，岩田先生工作方式的魅力也令我们深受感触，见面次数越多就越发信赖他。

此外，我还有一点有意思的个人感受，岩田先生的到来从积极意义上给我带来了紧张感，让我意识到肩上的责任。当时我的本职工作是撰写广告文案，虽然已经参与游戏制作数年，但是还保留着一些业余玩票的心理。尽管这种心态对维持创造力具有正面作用，然而另一方面有着让项目整体陷入危机的可能性。岩田先生加入进来，既没有居高临下的姿态，也从未表露出束手无策的样子，总是笑盈盈地推进项目重建的工作。当然，他本人必定是全力以赴的，不会像旁人眼里看起来那么轻松。我们明白了这一点，自然也会更尽职负责地投入工作之中。

就这样，项目开始向好的方向扭转，夸张地说，是岩田先生给了我们希望，告诉我们“可以做到”。

从最初见面那个时候的印象，到后来成为任天堂社长，岩田先生从来都没有改变。啊，宫本先生也说过同样的话吧。

首先为大家整顿好环境

我记得很清楚，岩田先生在重新制作《地球冒险2》时，首先从组建起新机制入手。

他宣称要在半年之内完成项目，并不是自己闷头默默修改游戏，而是首先组建起让团队全体成员参与进来的机制。他别具一格的做法让我很受震撼。

困难时刻，他像空降部队一样加入团队。他当然可以发挥自己的能力，宣称没有问题，让大家放心。然而，岩田先生救团队于危急之境的方法，并不是仅凭他的一己之力。他首先为团队全体整顿好环境，让每个人都能接触到游戏的内容。因此，人人都觉得“只要努力就能成功”。每个人都认为自己应该全力以赴，这样一来，大家就能兴致勃勃地投入工作了（笑）。

岩田先生还有一句名言：“程序员不能说不。”日后这句话被断章取义，给程序员带来了负担。那当然不是岩田先生的原意。他说这句话的语境是：“糸井先生只需尽情构想，思考怎样去实现是我们的工作。”对此我心怀感激。

此外，对于新创意，岩田先生总是给予积极的回应。每当我像个不负责任的大叔一样，提出一些有趣而异想天开的创意时，他总是很开心的样子，说着“没想到你会这么做”，“要做到这种程度吗”。有时候他会说，“那么，也可以这样做”，并反馈给我新的提案。因此像“地下帝国”

的演出，还有“章鱼消除机”的发明，无论是提出创意的一方，还是实际制作的一方，都很享受其中。

我记得岩田先生还说过：“计算机能做到的事，就交给计算机去做。”对于平时就熟练操作电脑的人来说，这句话听起来理所当然，对我而言却很新鲜。“人想做的是只有人类才能完成的事情”，这句话岩田先生经常挂在嘴边，我也非常认同。岩田先生大概比任何人都更了解计算机，但是他不认为熟练运用计算机就能高人一等。正因为计算机是方便的工具，才更让人对只有人类才能完成的事情抱有兴趣。

回忆起来，《地球冒险 2》开发期间，我并未与岩田先生深入探讨过游戏的具体内容。剧本和对话已经完成，岩田先生做的是将这些已有的素材重新组合。每当我提出“想实现这种效果”的时候，岩田先生就会说“那么这样如何”，总是报以接纳的态度。我从来没有听他发表过“必须这么做”或“游戏本该如此”这样的言论。当然也有可能是我忘记了（笑）。我们会一起探讨的是更本质的问题，比如人们会对哪些东西产生兴趣。

开发工作经常持续到很晚，但岩田先生不得不回山梨去，所以我时常在新宿车站南口为他送行。通常他会乘特急梓号列车，并说道："梓号会晃来晃去呢！"他混在登山客之中，归程也是一副开心的模样。

无论什么场合，都是小弟角色

岩田先生比我小大约十岁，我想他大概习惯了"无论在哪里，都比周围人稍微年轻"的感觉。他三十出头就当上了HAL研究所的社长，成为任天堂社长的时候只有四十二岁。

说起来，尽管岩田先生是领导者，但同时也处处扮演着小弟角色。或许正是因为肩负着任天堂这个大公司的社长的重任，才会表现出像弟弟的一面吧。小弟角色并不是年幼的意思，而是先人后己，能照顾全局。无论提案或是命令，岩田先生都不会像是在发号施令。他会说，"我思考了一下，这样试试如何呢"，带着商量的感觉。

回忆起来还有件事情，岩田先生表现出像弟弟一般。《地球冒险 2》终于要发售了，我们要举办一场庆功会。在准备会议上，岩田先生罕见地问："能否满足我一个冒昧的请求？"我正不明缘由，他就接着说道："庆功会能不能请糸井夫人（樋口可南子女士）参加？"（笑）尽管我妻子是个不太出席这类场合的人，但好好说明理由之后她欣然答应了。原来岩田先生也有像追星族的一面呢（笑）。

大约在《地球冒险 2》发售前后，他问我："能否请糸井先生来 HAL 研究所给大家讲讲您思考的内容？"我沿着中央高速路去了山梨，在 HAL 研究所扮演了一次讲师角色。一般而言我会谢绝演讲的邀请，但是岩田先生的请求无法拒绝。

就这样，《地球冒险 2》发售后，我们依然保持着联系。之后，岩田先生问我愿不愿意做 HAL 研究所的顾问。那时，他说："首先，请让我将自己的工作理念毫不保留地告诉你，你听过之后再做决定。"他来到我的公司，将心中所想倾囊相诉。我接到岩田先生的邀约时，本就打算立即答应，但还是倾听了他的一席话。

这番话主要是关于“快乐”的。

回想起来，岩田先生始终在讲述着同一个理念，他是个希望让大家都快乐的人。让自己快乐，让工作伙伴们快乐，让玩家们快乐。并非是让人们“获得幸福”，而是用字母写下的“HAPPY”起来，类似的话我也曾经讲过。对于这一理念，我完全赞同，因此感到非常欣喜。

啊，还有一点，好像不值一提，那就是岩田先生每次说“HAPPY”的时候，都会双手“啪——”地张开（笑）。就像这样，说“HAPPY”（笑）。这些事情，不可能会忘记呀。

那一天，真的很美好。只有我们两人，聊了很久很久。

总是聊个不停，这样才开心

岩田先生成为任天堂的社长之后，我也开始定期前往京都，经常和他见面。凡是我到京都去，几乎都能见到他；

岩田先生到东京来，也会顺道来我们公司聊一聊。就算日程紧凑，我们也会尽量调整出时间。

我们每次见面总是聊个不停，以至于我妻子感慨：“男人就是喜欢讲话呢。”（笑）

比方说，我们在京都见面时，两人一起出门处理公务，结束后在外面边吃边聊，回来仍然话题不停（笑）。岩田先生会一边讲话一边和我家的狗玩投球游戏。我妻子带狗出门散步，回来时我们俩还在聊天。最长的一次，他中午到我家，我们一直聊到大约晚上九点。岩田先生的妻子一定也会感到不可思议吧（笑）。

要问我们在京都和东京见面花这么长时间都聊了些什么，简要而言，就是“最近在思考的问题”。从类似于“我是这么想的”这样的话开始聊起，然后聊到“我也想过这个问题”，“就此而言，我是这么想的”，因此可以说，我们之间像是在开会一样。即便不是具体的工作上的事务，我们也会绞尽脑汁地认真思考（笑）。我们之间绝对不会出现激烈的争论，而是在相互给予肯定意见的基础上，不断地抛出一个又一个想法。并不是“你说一，我说二”，而是“你说一，我接着一继续说”。这真的非常有趣。是不是有些不同寻常呢？（笑）

我们一起坐新干线也是话题不停，但我会在中途睡着。而岩田先生旅途中不会打盹，他一直讲个不停。这种时候，我会直截了当地说：“不好意思，我要睡一会。”（笑）只有这样，岩田先生才无可奈何地拿出电脑，咔嗒咔嗒敲击键盘。这样的事情发生过好几次。

他的优点是不会感到难为情。也不会硬撑面子，作为老板故意做出生气的样子。所以就算两个男人一直聊个不停，也不会有拘谨或尴尬之感。这是岩田先生身上特别优秀的一点。

该怎么形容呢？果然应该说他是人格高尚的人。无论男女，彼此能够长时间相处融洽，不出意料都是具有高尚人格的人。反过来说，也是不解风情的人吧。

他本人有这样一种说法，也可以拿来作为一项优点解读：岩田先生是个不懂世故人情的人。但这种疏于世情是非常好的，凡是见过岩田先生的人应该都会同意。“那么你就懂得世故人情吗？”如果有人这样问，我也会说自己有些傻气。可以说我们在这一点上的确是相通的，彼此呈现出来的一面是很合拍的。

随着时光流逝，陪伴在身边的朋友们变了不少，但屈指算来，我与岩田先生在一起的时间是最长的。

即便生病的时候，也是一贯的作风

关于病情，岩田先生对我讲了很多。

他得知生病的时候，我正在京都短期出差，那一天约了和别人吃饭。岩田先生很少见地说：“能不能加我一个？”平时他很顾虑他人，这种请求不多见。因为对方也是熟人，我就回复说欢迎加入。

结果，在饭桌上岩田先生什么也没讲。开心的气氛之下很难说出口吧。之后，为庆祝女儿的婚约，我在京都聚餐，他又问：“能见个面吗？”我这才得知他的病情。比起电话或邮件，他一定想要当面说出来吧。但紧接着，他就将话题转到：“送什么结婚贺礼好呢？”

之后我们也聊了很多。岩田先生仍是他一贯的作风，尽最大努力去治疗的同时，也将万一的可能性考虑进来。他还向我介绍“有这样的治疗方法”，而且非常详尽（笑）。我会给他发邮件，也去看望过他。在他短期回家休养时，我还到他家中拜访过。具体的事情不便多讲，但岩田先生自始至终保持着自己一贯的风格。当然，不是说他一直穿着西服（笑）。

岩田先生去世之后，岩田夫人邀请我过去。葬礼开始之前，我见到了静静地躺在一边的岩田先生，他像往常一样穿着西装。现在回想起来仍会觉得他走得太年轻，实在是太年轻了。那时我也比现在年轻一点，但岩田先生比我更是年轻许多。

虽然如此，我与他的距离毕竟相对远一些。毫无疑问，岩田夫人和亲属们，还有一起工作的伙伴们，他们的感受和承受的重量想必是不同的。

岩田先生葬礼那一天令我难忘。那一天大雨滂沱。我与宫本茂先生一起，好像在等待着什么，猛然间我问了他一个问题。

“岩田先生认为自己有多大概率能够治愈？”

随即，宫本先生很自然地答道：“当然了，他持着能够完全治愈的态度，完全没有对死的准备。”啊，原来他身旁的人是这样的感觉。我意识到，我与岩田先生的距离还是相对远一些。距离近的人当然会有如此感受。我深切地感到，宫本先生与岩田先生真的是心意相通。

这样表述或许不够恰当，但在一定距离之外，视野里看到的是单纯的事实。然而，对距离近的人而言，“情”的部分会更加鲜明。听到宫本先生回答的瞬间，我忽然对自己提出的问题感到难为情。我明白了，那根本不是关键所在。

怎么讲呢，我们始终心系在一起。

岩田先生在世时，得知患病时；那天，岩田先生叫我去见面时，我向宫本先生提问时——这些时刻联系在一起，如此奇妙，令人感慨。岩田先生仿佛还在那里，我们一直聊到京都的天色变暗。

想要创造更多快乐

我与岩田先生认识这么多年，也多次见过他的家人，显然他是个好父亲。岩田先生去世之后，他儿子的一句“在家里他也是个好父亲”令我印象很深。能让儿子如此明确断言的好父亲着实很少见。

有趣的是，岩田先生与儿子有些地方很像，两人想事情时都有来回踱步的习惯。两人同时想事情，在房间里来回走时，甚至会撞到一起（笑）。与他们一家人聚会时，岩田夫人给我讲了这个插曲。岩田先生在一旁苦笑说：“确实如此呢。”

现在岩田先生的儿子已经结婚了，但当年他与女朋友刚开始交往时，岩田夫人开车看到了两人逛街的身影。岩田先生异常兴奋地告诉我，儿子当时的神情是“不曾在家中表现出来过的开心”（笑）。比起这件事本身，岩田先生的表情更令我难忘。他说道：“那么开心的神情，俺都没见过。”岩田先生自称时用了“俺”，他很少这样自称，听起来着实有趣。

岩田先生发自内心地喜欢看到大家的笑容。他也将这个目标列入任天堂的经营理念。的确，他是一个希望给世界创造更多快乐的人。

并且，他是一个为了实现这个目标不惜舍身奉献的人。他喜欢帮助他人，喜欢钻研各种事物，也喜欢为此而沟通交流的过程。

所以说，每周一与宫本先生一起吃午饭的时间，凝聚着岩田先生所喜爱的一切。因为他们一起讨论着游戏创意，说着“我懂了”，试图给自己与玩家都带来笑容。

每次到东京，顺路来我的公司的时候，他总是携带着许多创意、理论和思考中的问题，露出一副很开心的表情。按理说作为公司的社长，身旁应该有人陪着，但他总是一个人打出租车、拖行李箱，用高昂的声音喊着“你好”。

第七章

岩田先生其人

岩田さんという人。

不懂的事情不能置之不理

我向来爱问“为什么？”，凡事喜欢刨根问底。

小时候，捧着百科全书从第一页读到最后一页。因为上面写着很多我不懂的事情，所以感到特别有趣。对我而言，那是最好的享受。不明白的事情一个接着一个被弄明白，有趣极了。现在的我在这一点上和小时候一样（笑）。

如果出现疑问，我会思考其原理，建立一个假说。接着将一切能设想到的情形全部验证一遍，直到“无论从哪个角度来思考，全部都能解释得通”才肯作罢。然后说出：“这就是答案。”

所以，但凡发现无法解释的“为什么？”，就不能放在一边不管。如果我的假说中有无法解释清楚的部分，那么它就是错的。一定另有缘由，我必须把它找出来。这样一来，必须得另外建立新的假说，重新开始思考。

因此，如果我对一个问题能立即给出答案，那么一定是之前已经思考过了。

换句话说，对于思考过的问题，如果已经理顺思路，直接回答即可。然而，如果被抛来尚未研究过的问题，即使可以立刻建立起假说，验证的过程也才刚刚开始。

我一直从事与计算机相关的工作，所以喜欢没有矛盾存在的理论。因此，碰到一个新问题的时候，我会思考："此时我给出的答案，是否与自己至今为止所做的一切保持一贯？"

哪怕抱有自信，认为自己的答案"一定是正确的"，也要从各种角度进行审视，否则就无法做出肯定的回答。

而且，在自己的头脑中形成这样的条理，会为自己的能力带来具体的提升。

我这个人，对于不懂的事情不能置之不理。凡是有兴趣的事物，全部想要彻底知晓。所以如果有人能做到我做不到的事，那么同样是人类，为什么自己办不到呢？由此我会产生兴趣，开始寻找自己也能做到的方法，进而付诸行动。

话虽如此，但这并不意味着要咬紧牙关付出多么大的努力。付出些许努力，相应地体会到“啊，我有点儿明白了，真有趣”，将自身感知到的变化当作一种褒奖，就可以持续这么做下去。虽然每一步非常微小，但通过理解和联系，可以体会到努力带来的快乐，并在此过程中，自然而然地形成一种习惯。

◆ 岩田先生的话，拾零之六

在我的名片上，我是一名社长。

在我的头脑中，我是一名游戏开发者。

但在我心里，我是一个玩家。

On my business card, I am a corporate president.

In my mind, I am a game developer.

But in my heart, I am a gamer.

名刺のうえでは、わたしは社長です。

頭のなかでは、わたしはゲーム開発者。

しかし、こころのなかでは、わたしはゲーマーです。

我是个想成为参与者的人。

无论何事，不想仅仅作为一个旁观者，而是想参与其中。

我想帮助别人，给别人带去欢乐，

让玩家感到欣喜，

我一直想成为一个起到作用的参与者。

知道有了成为参与者的机会，

却想着“虽然出手参与就能改善局面，

做些弥补就能向好的方向发展，

但想来太麻烦，还是算了吧”，

就这样在一旁观望——

我不喜欢这种做法，人生中也从未这么做过。

一生中从不这样袖手旁观，虽然说来辛苦，

但也会遇到各种各样有趣的事。

“不想后悔，所以用尽自己所有的力量吧。”

我如此感到。

从很久以前起，

我就有一条座右铭：

“在工作中与人合作，

要让对方说出‘下次也想跟那家伙一起工作’。”

我在心里始终铭记着这一点。

反过来看，谁也不想听到对方说没有下次了吧。

现实就是，

不付出辛苦，不会获得成果。

但是，不要让工作现场的员工心中飘荡着悲壮之感，

才能开发出让大家笑盈盈地去玩的游戏，不是吗？

人们都来玩电子游戏，我很开心，

但我并不希望，

电子游戏之外的娱乐变得萧条。

我希望人们来玩电子游戏，

但我也希望，人们小时候就去体验

电子游戏之外的娱乐。

我自己童年时代就尝试了各种各样的玩乐，

回想起来，这真是很好的经历。

推出新产品时，

对于世人能否接受它，

我总是怀着紧张心情。

每一次拿出新东西时，都是如此。

太可怕了，每回都是。

因此，我会竭尽全力去做。

我的人生经历中，

没有一件事是徒劳。

岩田聪（Iwata Satoru）

1959 年 12 月 6 日出生于北海道。

毕业于东京工业大学工学部情报工学科。

大学毕业的同时，就职 HAL 研究所。

1993 年，就任 HAL 研究所董事长。

2000 年，成为任天堂株式会社董事、经营企划室长。

2002 年，就任任天堂董事长、社长。

作为开发者，

他手中诞生了许多游戏杰作；

作为任天堂社长，

他策划推出了任天堂 DS、Wii 等革命性的游戏机，

并将自己所倡导的“游戏人口的扩大”付诸现实。

※ 主要参与的游戏

《弹珠台》《高尔夫》

《F1 赛车》《气球大战》

《FC 大奖赛 II　3D 热拉力赛》

《星之卡比　梦之泉物语》

《地球冒险 2　基格的逆袭》

《任天堂明星大乱斗》

《宝可梦随乐拍》

《任天堂明星大乱斗 DX》

《大人的 DS 脑力锻炼》

这张照片由岩田先生的夫人提供，用于本书刊行。

关于本书内容来源

本书刊载的岩田聪先生的话，

从 HOBO 日刊 ITOI 新闻网站的各版块，

以及任天堂官网的《向社长询问》系列中选摘。

以下的网页可供浏览。

HOBO 日刊 ITOI 新闻

《岩田聪先生的话》

https://www.1101.com/iwata20150711/index.html

任天堂

《向社长询问》链接集

https://www.nintendo.co.jp/corporate/links/index.html

图书在版编目（CIP）数据

岩田先生：任天堂传奇社长如是说／日本 HOBO 日刊 ITOI 新闻编；李思园译．—南京：译林出版社，2021.7（2025.6 重印）
ISBN 978-7-5447-8758-1

I.①岩… II.①日… ②李… III.①岩田聪－传记 IV.①K833.135.38

中国版本图书馆 CIP 数据核字（2021）第 110887 号

著作权合同登记号 图字：10-2020-462 号

岩田先生：任天堂传奇社长如是说 ［日本］HOBO 日刊 ITOI 新闻／编 李思园／译

责任编辑 刘 静
装帧设计 山川制本 workshop
校 对 蒋 燕
责任印制 董 虎

原文出版 Hobonichi, 2019
出版发行 译林出版社
地 址 南京市湖南路 1 号 A 楼
邮 箱 yilin@yilin.com
网 址 www.yilin.com
市场热线 025-86633278
排 版 南京展望文化发展有限公司
印 刷 南京爱德印刷有限公司
开 本 850 毫米 ×1168 毫米 1/32
印 张 7.125
插 页 4
版 次 2021 年 7 月第 1 版
印 次 2025 年 6 月第 5 次印刷
书 号 ISBN 978-7-5447-8758-1
定 价 58.00 元